Pankow
im Wandel der Geschichte

„Bolle reiste jüngst ..."

Ralph Hoppe

Pankow
im Wandel der Geschichte

„Bolle reiste jüngst ..."

be.bra verlag
berlin.brandenburg

Dank

Ein besonderer Dank gilt Lars-Holger Thümmler und den Mitarbeitern der Chronik Pankow/Archiv und dem Panke-Museum.
Dank auch dem Landesarchiv Berlin und dem Zentrum für Berlin Studien sowie allen anderen Gesprächspartnern und Helfern in und außerhalb Pankows, besonders Susanne Beller und Michael Bienert und Mitarbeitern von StattReisen Berlin.

Die Deutsche Bibliothek - CIP-Einheitsaufnahme

Hoppe, Ralph:
Pankow im Wandel der Geschichte :
Bolle reiste jüngst / Ralph Hoppe. - Berlin : be.bra-Verl., 1998
ISBN 3-930863-45-6

© be.bra verlag GmbH
Berlin-Brandenburg 1998
Zehdenicker Straße 1, 10119 Berlin
Lektorat: Hermine Adolph
Umschlag: design network (Farbfoto: Uwe Friedrich)
Satz und Gestaltung: design network, Berlin
Gesetzt in der Stone Serif, 9,3 auf 12 Punkt
Lithos: inSign, Berlin
Druck und Bindung: Těšinská Tiskárna, a.s./Český Těšin, Czech Republic
ISBN 3-930863-45-6

Inhalt

Haste Töne? Pankower Vorwort

Boston. Chicago. Kansas. Magdeburg. Meißen. Dieser Aufzählung ist eines gemein: Bands haben sich nach den Orten benannt. Zur Rock-Geschichte der DDR gehörte auch eine Gruppe „Berluc", Berlin-Luckenwalde. Oder die Band „NO 55", die sich nach dem Postbezirk im Osten Berlins, Prenzlauer Berg, nannte. 1983 kam eine Langspielplatte in den Musikhandel der DDR. Auf der Rückseite lesen wir mit dem Abstand der Jahre: *Lieber Musikfreund! Wir beglückwünschen Sie zu diesem Kauf! Es ist Ihnen gelungen, ein hochwertiges Klangprodukt zu erwerben. Das junge Ensemble „Pankow" bemüht sich, unter dem Motto „Kille Kille" einen Strauß bunter Melodien für Sie zu pflücken. Dabei geht es in loser Folge heiter-besinnlich aber auch mal leise-aggressiv zu. Wir hoffen, daß wir Ihren Geschmack treffen werden und wünschen Ihnen vollen Hörgenuß, Ihr Ensemble „Pankow".* Hatte es sowas schon mal gegeben? Das war doch unmöglich ernst gemeint? Kille Kille Pankow. Doch. War es – und hatte Erfolg! Seite 1 der AMIGA-Platte, erstes Lied: *KOMM, KARLINEKEN, KOMM (wir woll'n zu PANKOW gehn).* Zum Einstieg wird altbekanntes Berliner Liedgut instrumental mit Tuba und Klarinette vorgetragen. Dann legt das Ensemble „Pankow" los.

Der Name kokettiert mit dem englischen Wort Punk, eine in der DDR verbotene Musik. Im Namen Pankow steckte so wenigstens ein Stück gesprochene Provokation. In den 50er Jahren war Pankow Synonym für die DDR, denn hier wohnten die wichtigsten Mitglieder der Regierung, hier war der Präsidentensitz.

Für Udo Lindenberg *besteht die DDR im wesentlichen nicht aus ihrer Regierung, sondern aus den Menschen, die dort leben. Aber ohne Honnecker komm ich da nicht rein, hab' ich mir gedacht. Wenn ich mit zum Beispiel meinem Schalmaiengeblase und meinem Rock'n Roll-Edelgesang auch sein Herz in Butter verwandle und ihn mit meinen Scherzchen in solcher Weise erfreue, daß sein altes Indianerschalkauge wieder durchkommt, macht er vielleicht das Tor auf.*[1] 1983 ließ Lindenberg einen „Sonderzug nach Pankow" fahren. Doch das Politbüro wohnte schon längst in Wandlitz, die Regierung arbeitete im Zentrum der „Hauptstadt der DDR". Warum also nach Pankow? War Lindenberg schlecht informiert? Honecker besaß zwar zu diesem Zeitpunkt eine offizielle Adresse in Berlin-Pankow; gewohnt hat er jedoch in der „Waldsiedlung". Das Lied wurde ein Hit, obwohl nur im Westen offiziell gespielt, dafür im Osten fleißig gehört und mitgeschnitten. Und wieder war Pankow im Gespräch.

Komm Carline, komm Carline, komm wir gehn nach Hamburg, da ist es wunderschön. Die Hanseaten haben nicht mal geklaut, denn der „Volksmarsch mit Gesang ad libitum von Emil Ascher op. 97" ist Ausgangspunkt für verschiedene nachfolgende Varianten. 1888 erschienen, hat Adolf Spohn daraus 1897 ein „Original-Couplet für Gesang mit Klavierbegleitung" gemacht. Der Frankfurter Komiker „geht" vor die Stadt, *nach Seckbach*, das nun schon längst eingemeindet ist. Wie Rixdorf, das spätere Neukölln, das dann Verwaltungsbezirk von Berlin wurde. Nach der Rixdorfer Version kommen wir mit Karline nach Pankow, und damit zum eigentlichen Hit, der vielen noch im Ohr ist. Die „Humoristische Gesangspolka von Carl Wappaus (1898)" wurde ein internationaler Gassenhauer: von Wien geht's nach Nußdorf, in Paris trällerts „Viens Poupoule" und in Warschau „Pójdz Paulinko". Der Erfolg hat viele Väter – und Kinder. Die Rock-Gruppe Pankow eröffnete mit „Karline" ihre Langspielplatte.

Komm Karline, komm Karline, komm – wir wolln nach Pankow gehn, da ist es wunderschön. Pankow, Pankow, Pankow, kille kille Pankow, kille kille hoppapa.[2]
Der Volksmund trällerte, wie immer, unterschiedliche Varianten:
Komm Karlineken, komm, wir woll'n nach Pankow gehn, da ist es wunderschön. Da kannste de baden jehn, und ich dir nackend sehn, Du brauchst Dir nicht zu schäm, Komm Karlineken, komm![3]

„Da ist es wunderschön". Schon deshalb, weil es nicht Stadt war? Lockte die ländliche Idylle mit teilweise vornehmer Bebauung? Waren's die Schankwirtschaften mit Sommergärten? *Da kannste baden jehn.* In der Panke etwa, diesem eher jämmerlichen Wasserlauf? Pankow lag wie andere Ausflugsorte vor den Toren und später am Rande Berlins, doch lockten die Städter keine ausgedehnten Wälder und Seengebiete. Große Volksparkanlagen und Vergnügungsparks waren am Ende des 19. Jahrhunderts nicht vorhanden. Was trieb den Ausflügler nach Pankow? August Trinius schrieb 1888: *Pankow galt immer den Berlinern als ein sonntägliches Eldorado harmloser Vergnügungen. Hier hinaus ging es Kegelschieben, Kaffeekochen, Maikäfer schütteln und Versteck und Ringelreihn im Walde spielen, um dann am Abend truppweise mit leeren Kobern und vollen Herzen singend wieder heimzukehren.*[4] Harmlose Vergnügungen? Da war doch noch was. Richtig, Bolle.

Nach Pankow war sein Ziel

Der besungene Ausflugsort

Das Schwanklied über Herrn Bolle ist nicht minder bekannt als das mit Karline. Der eine kennt die, die andere jene Version. Hier die etwas realistischere Variante aus einer alten Volksliedsammlung von 1915:

1   *Herr Bolle nahm zu Pfingsten*
Nach Pankow hin sein Ziel.
Dabei hat er den Jüngsten
Verloren im Gewühl.
Drei volle Viertelstunden
Ist er umhergeirrt:
Aber dennoch hat sich Bolle
Ganz köstlich amüsiert

2   *In Pankow gabs kein Essen*
In Pankow gabs kein Bier.
War alles aufgefressen,
Von viele Leute hier.
Nich mal ne Butterstulle
Hat man ihm reserviert,
Aber dennoch hat sich Bolle
Ganz köstlich amüsiert

3   *In der Schönholzer Heide*
Da gab's ne Bolzerei,
Herr Bolle tät nicht zagen
Er war sogleich dabei,
Hat's Messer vorgezogen
Und einen massakriert,
Aber dennoch hat sich Bolle
Ganz köstlich amüsiert

4   *Es fing schon an zu tagen,*
Als er das Haus erblickt,
Der Rock war ohne Kragen,
Das Nasenbein geknickt,
Der rechte Ärmel fehlte,
Das Auge war marmoriert,
Aber dennoch hat sich Bolle
Ganz köstlich amüsiert [5]

Die letzte Strophe schenken wir uns. Es ging schon derbe genug zu. Kein *Pankow, Pankow, Pankow, kille kille Pankow, kille kille hoppapa* mehr. Bolle-Typen kommen zum Vergnügen, prügeln sich im schlimmsten Falle und gehen wieder oder schleppen sich von dannen. Der Amtsvorsteher Gottschalk erhielt 1892 nach Schilderung eines Problemfalles vom Landrat aus Berlin die Antwort, *daß die Ortschaft Schönholz nicht zu denjenigen Vorortbezirken gehört, in welchen z.Zt. neu anziehenden und wegen ihrer Bestrafung für die öffentliche Sicherheit gefährlichen Personen der dauernde Aufenthalt zu untersagen ist. Die zwangsweise Ausweisung des p. Müller ist deshalb unzulässig.*[6] Das kann keinem Amtsvorsteher gefallen. Dem Ortsvorsteher Wilhelm Dowe wiederum mißfiel drei Jahre später im schönen Monat Mai, daß im Schotte'schen Lokal in Schönholz ein Gast in unmittelbarer Nähe des Tisches sein Wasser abschlug, dabei die

anwesenden Frauen ignorierend. Dowe sei plötzlich von zehn ange-
trunkenen, aus Berlin stammenden 17-18jährigen umringt und be-
schimpft worden. Der Wachtmeister Pape, *für die hiesigen Verhältnisse
nicht scharf genug*, hätte die Leute abgedrängt, ohne Personalien aufzunehmen. Dowe bemerkt abschließend sehr verärgert: *... es verkehren jetzt
hier Leute in dem Schotte'schen Lokal, die nur auf Radau ausgehen.*[6]

In der Kolonie Schönholz mehrten sich in den letzten Jahrzehnten des
19. Jahrhunderts die Beschwerden der Bewohner; die Folgen des anstei-
genden Ausflugsverkehrs waren zunehmend negative Begleiterscheinungen. Die Bürger wetterten gegen die Restaurateure sowie neu zuge-
zogene Nachbarn und wehrten sich gelegentlich auf eigene Faust. Die
Grundstücke in Schönholz waren ausnahmslos durch die Breite eines
Fußweges geteilt. Louis Dantz machte diesen Durchgang 1884 einfach
dicht. *Das Betragen des Nachbarn und dessen Familie sowie die eigene Sicherheit des Unterzeichneten, da Schönholz jetzt von Leuten unheimlichen
Aussehens bewohnt ist, welche diesen Weg benutzen und Hausthiere auf
skandalöse Art und Weise bei Seite schaffen, Vögel schießen etc., wie auch das
Ruinieren der Hecken-Anlagen etc. durch die von dem Bagandt'schen Locale
kommenden Gäste, machen es dem ergebenst Unterzeichneten zur Pflicht,
sich zu sichern und das Betreten des Weges resp. Grundstücks desselben zu
verhindern.* [6] Danz fing sich einen kräftigen Rüffel ein, da der Zugriff auf
den gemeinschaftlichen Brunnen nicht mehr möglich war und bei Feu-
erausbruch der Wasseranschluß gefehlt hätte. Gegen den aus der unmittelbaren Nachbarschaft erwähnten Restaurateur Albert Bagand, der
auch eine Kegelbahn betrieb, wurde ein Strafverfahren eingeleitet, da

Schloß Schönholz, um 1905

10

dieser ohne polizeiliche Genehmigung ein Feuerwerk abbrennen und eine öffentliche Musikaufführung auf dem sogenannten „Colonisten-wege" abhalten ließ. Die Schönholzer Welt ist aus den Fugen. Und dennoch – mancher hat sich dort ganz köstlich amüsiert.

Ein Vergnügungsort gewinnt an Attraktivität und der Wirt an Umsatz, wenn Tanz im Angebot ist. So bat der Gastwirt Ferdinand Straus am 20. Juni 1895 *um Erlaubnis in den Sommermonaten werktäglich in den Räumen der Berliner Schützengilde Tanz abhalten zu dürfen. Die strenge Ordnung sowie der Charakter, welcher dem Etablissement zu eigen ist, bürgen sicherlich für jeden Mißbrauch dieser erbetenen Vergünstigung. Seitdem ich die Bewirtschaftung übernommen, haben sich die Schützenfamilien wieder reichlich hierher gewöhnt und ergeht die Bitte, den Saal zu öffnen, täglich an mich.* Falls dies zu weit gehe, möge doch wenigstens für Mittwoch eine Tanzerlaubnis erteilt werden. Straus erhielt die Antwort, daß *der Ertheilung der Genehmigung von Tanzlustbarkeiten am Mittwoch jeder Woche bis 11 Uhr während der Sommermonate keine Bedenken* entgegenstünden.[6]

Der Gastwirt Carl Bernau in Schönholz Nr. 11 sollte übrigens 1899 wegen solcher Tanzlustbarkeiten Strafe bezahlen, weil Kinder vom Garten aus zuschauen könnten. Der „Pariser Tanzsaal", eine 1892 vom Vorbesitzer erbaute Halle, sei an zwei Seiten geschlossen, auf den anderen Seiten jedoch nur von zwei Galerien abgetrennt. Die sonntägliche Tanzerlaubnis besitze er, Bernau, seit Jahren, genauso wie er dafür Steuern zahle. Die Herren entrichteten ihren Obulus für die Tanzlustbarkeit entweder für den ganzen Abend auf einmal oder pro Tanz. Was dem Wirt die Strafzahlung einbrachte, war selbstredend eine Vorschrift. Seit Oktober 1895 enthielt der § 1 der entsprechenden Polizei-Verordnung das Verbot der Zulassung schulpflichtiger Kinder zu Tanzlustbarkeiten in öffentlichen Lokalen. Was müssen das für Tänze gewesen sein. Oder für Zeiten.

Ein weiteres Ärgernis stand dem Gastwirt Bernau im Jahre 1899 ins Haus, weil den Nachbarn ein anderes störte. Das Ärgernis war ein menschliches Bedürfnis. In Lokalen, wie sie der Schankwirt betrieb, sollte dafür gesorgt sein. Eine Klosettanlage war in Schönholz Nr. 11 vorhanden. Das störte in Nr. 12. Der Bürovorsteher Winkler aus Berlin S.W., Klödenstraße 3, ließ zur Gesundung und Erholung am 1. Mai seine Frau und die beiden kleinen Kinder das auf dem Grundstück stehende, kleine massive Wohnhaus beziehen, Eigentum eines anderen Berliners. In diesen Zeiten zog es viele saisonal in den grünen Norden von Berlin. Doch nicht neben jedem gepachteten Wohnhaus stand in der Nachbarschaft eine Abortanlage einer Wirtschaft, von denen

Schönholz offensichtlich voll war. Üble Gerüche und Feuchtigkeit ließen der Familie nur die Flucht ins unmittelbar Grüne. Der angeschriebene Amtsvorsteher empfahl einen zwei Meter hohen Bretterzaun. Die Bearbeitung des Falls zog sich hin, der erholungssuchenden Familie manch penetranter Gestank in die Nase. Die Mängel waren schließlich im September beseitigt. Die Kontraktdauer des Herrn Winkler endete übrigens am 30. September. Schöne Ferien.

Wenn einem was nicht paßt, so kann man es dem Freund oder der Nachbarin erzählen, oder schwätzt es beim Bier, oder schüttet es mit dem Wein hinunter. Oder man schreibt sich's von der Seele und schickt's an den Landrat persönlich. Der bekam im Juni 1905 von einem Bürger, der seit Jahren am Sonntag seine Fußpartien in die Umgebung Berlins unternahm, folgendes zu lesen: Da er im Norden wohne, führe sein Weg oft über Schönholz, wo der Durst bei „Abraham" gelöscht werde. Ein Gläschen in Ehren. Außerdem gebe es bei Abraham einen Tanzsaal und Roulettspiel, von Frauen bedient; gar nicht übel, würde nicht den Minderbemittelten Geld aus der Tasche gezogen. Nebenan wohne übrigens ein Gensdarm. Weiter gehts. Bei „Lange" findet er nun das *richtige Monte Carlo*: ein indisches Pfeilwurfspiel, bei dem als Gewinn 60 Pfennige oder Sachpreise locken, oder ein mit Geld gespicktes Brett, nach dem mit Ringen geworfen werden kann. Am Waldesrand der Schönholzer Heide empfängt den Wandersmann ein weiteres Roulett, ganz wie bei „Abraham". *Soweit ich unterrichtet bin, sind solche baaren Geldauszahlungen doch gesetzlich nicht erlaubt? Im Interesse des Publikums sowie der Behörde ersuche ich Ew. Hochwohlgeboren gehorsamst um Abstellung solcher Mißstände.*[6]

Ein paar Lokale und Geschichten aus Schönholz sind damit schon genannt. Das bekannteste Etablissement in der Schönholzer Heide war zweifellos das sogenannte „Schloß Schönholz". Mit einem wirklichen Schloß hatte es nichts gemein, höchstens daß auch hier der Gast König war, der Wirt aber Kaiser. An einem solchen Ort war ein gutes Saisongeschäft zu machen, vermutete die Witwe Rüffer aus der Berliner Grenadierstraße 36 und beantragte im von Hans Retschlag geführten Schloß Schönholz *für die ganze Sommersaison 1902 einen Bolzenschießstand und eine Würfelbude zum Auswürfeln von künstlichen Blumen, Muscheln und Nippsachen, aufstellen zu dürfen.*[6] Jedoch fehlte der nicht Ortsansässigen der Wandergewerbeschein. Abgelehnt, Unterschrift, Siegel. Punkt.

Andere hatten es leichter. Das Berliner Kaiser-Alexander-Garde-Grenadier-Regiment No I, II. Bataillon, wollte sich absichern und ersuchte schriftlich, der Landrat des Kreises Niederbarnim möge doch *gefälligst* (im Höflichkeitston) eine Mitteilung machen, ob Bedenken bestünden, daß die Bataillons-Musik während des Sommers in dem Etablissement „Schloß Schönholz" in Uniform dortselbst spielte. Zuvor erklärte schon der Amtsvorsteher Moldenhauer am 15. November 1905: *Der Retschlag ist Pächter des Lokals der Berliner Schützengilde zu Schönholz. Derselbe ist Anhänger der konservativen Partei. Das Lokal wird meist von Krieger-Faen- und Sport-Vereinen, sowie im Sommer von Berliner Ausflüglern benutzt. Gegen das Konzertieren einer Militärkapelle in Uniform in diesem Lokale stehen diesseits Bedenken nicht entgegen.*[6]

Was zum Zielen

In Niederschönhausen, am westlichen Ende der Hermann-Hesse-Straße, liegt eine Schützenstraße von so imposanter Kürze, daß es eigentlich „zum Schießen" ist. Der Lyriker und Erzähler Hesse, nach dem die Straße 1992 benannt worden ist, war Nobelpreisträger, jedoch kein guter Schütze. Zuvor hieß die Straße nach Kurt Fischer, dem kurzzeitigen Chef der DDR-Volkspolizei, vor 1951 Bismarckstraße. Die rechtwinklig von der Schützenstraße abgehende Buddéstraße ist hingegen nur noch auf Karten verzeichnet. Die Asphaltierung verweist auf den Postenweg innerhalb des sogenannten Todesstreifens der Berliner Mauer. Buddé übrigens war einst Generaldirektor der Deutschen Waffen- und Munitionsfabriken in Berlin.

Der Name der Schützenstraße erklärt sich durch ein gelbes Gebäude schräg gegenüber, dessen von einem Dreieckgiebel überfangener Risalit den markantesten und höchsten Teil bildet. Die eingeschossigen Seitenflügel verschaffen dem zweigeschossigen Hauptbau Gewicht. Unter dem dreieckförmigen Giebelaufsatz ist ein von der Straße nur schwer zu erkennendes Jagdszenen-Relief sichtbar. Das 1883 errichtete Schützenhaus gehört heute zu den geschützen Einzeldenkmälern des Bezirkes. Die Schönholzer Heide wurde einst durch dies Gebäude um eine Besonderheit reicher.

Zu den Lustbarkeiten der Berlinischen Bürgerschaft gehört noch das Scheibenschießen und das Königschießen. Jenes nimmt den Tag nach Pfingsten jederzeit seinen Anfang und währt einige Tage. Die Schützenbrüder schießen alsdann auf dem Schützenplatze (vor dem Königstor) nach der Scheibe um gewisse unter sich ausgesetzte Preise, schildert Friedrich Nicolai in seiner Überlieferung von 1769. *Sowohl beim Scheibenschießen als beim Königsschießen sind auf dem Schützenplatze verschiedene Buden aufgebaut, in denen allerhand Waren verlost und verspielt werden, welches sonderlich bei schönem Wetter eine größere Menge Volk auf diesen Platz zieht.*[7] Der reichte an der Linienstraße 3-5 in Mitte nur bis 1884, als am 22. März letztmalig Schützen antraten. 1747 kam es, durch Friedrich II. anempfohlen, zur *Errichtung einer neuen, einigen und einzigen Berliner Schützengilde, welche zwei Kompanien* umfaßte. Auf alten Stadtplänen ist der Platz dieser Schützengilde mit ihrem Festbau neben den Friedhöfen der Nikolai- und St. Mariengemeinde, die heute noch am ehemaligen Prenzlauer Tor existieren, gut zu erkennen. Über das innerhalb der alten Stadtgrenze gelegene Grundstück, das für 1.310.000 Reichsmark äußerst profitabel verkauft werden konnte, zogen nun Planer Straßen, um einer Neuer- schließung und Bebauung Platz zu machen. Die Berliner Schützengilde verzog sich mit reichlich Geld im Beutel gen Norden, kaufte im De- zember 1882 in Schönholz 100 Morgen Land und plazierte dort ihr neues Schützenhaus, das samt Schießanlage bis 1883 aufgebaut war.

Ein ordentlicher Bogen Büttenpapier, bedruckt mit der Aufschrift „Schützengilde der Haupt- und Residenzstadt Berlin", ging am 26. April 1888 mit dem Hinweis an den Magistrat von Berlin, daß zwei Jahre später das X. Deutsche Bundesschießen stattfinde, *zu welchem die Wahl der Feststadt noch nicht getroffen ist. Die innerhalb unserer Gilde mehrheit- lich ventilirte Frage betreffend die Übernahme dieses Festschießens nach Berlin und Herrichtung der noch erforderlichen Schießanlagen und Baulich- keiten auf unserem Grundstück Schloß-Schönholz hat dahin geführt, Berlin als Feststadt vorzuschlagen, wenn unsere vorgesetzte Behörde diesem Projekte ihre Zustimmung nicht versagt.*[8] Auf dem Terrain des „Berliner Traber- Club" in Weißensee konnte immerhin im Juni 1882 das „7. Mitteldeut- sche und 7. Brandenburgische Provinzial Bundes-Schießen in Berlin" stattfinden. Aber was war Mitteldeutschland gegenüber allen deutsch- sprachigen Ländern, die seit 1862 zu einem solchen Schützenhöhe- punkt zusammenkamen. Neben der Schweiz und Österreich-Ungarn trafen auch Schützen aus den Vereinigten Staaten von Nordamerika, Italien, England, Holland, Belgien, Schweden und Norwegen ein. Dem Magistrat brauchte nicht ernsthaft die Pistole auf die Brust gesetzt werden; er stimmte dem Ersuchen zu. Es folgten die erbetenen Zu- schüsse, die finanziellen, versteht sich. Der Magistrat möge sich an der Stiftung der Preise beteiligen, hieß es, 40.000 Mark wurden immerhin zur Beschaffung von Ehrengaben bewilligt. Damit das Schützenfest nicht den Bach runterging, brauchte es Wasser. Das städtische Rohrnetz endete in der Schönhauser Allee, 520 Meter von der Grenze Berlins und damit Pankows entfernt. Ab da trug der Ausschuß für das Bundesschießen die Kosten für das neue Rohrnetz selbst. Der Magistrat entsprach dem Antrag, um zur Förderung des Unternehmens beizutragen. Auch wäre das Geld nicht in den märkischen Sand gesetzt, als das *städtische Leitungswasser bei später in jener Gegend einsetzenden Bauthätigkeit ohnehin nicht zu umgehen wäre.* 4.540,05 Reichsmark kostete die kurze Verbindung, um den Festplatz zu versorgen. Der konnte leider nicht in der Nachbarschaft des Schönholzer Schützenhauses, sondern nur andernorts gefunden und im Mai 1889 dem Magistrat angezeigt werden. *Ein als Festplatz geeignetes Terrain ist in dem rechts an der Chaussee vor Pankow belegenen, dem Amtsvorsteher dieses Ortes Herrn Schwartze gehörigen Ackerlandes gefunden, und ein bezüglicher Vertrag bereits abgeschlossen.*[8]

Eine personelle Veränderung fand gleichzeitig Erwähnung: der Hof-Konditor Alfred Kranzler sei statuarisch aus dem Amte als Vorsteher der Schützengilde geschieden. Der „Central-Ausschuß" für das X. Deutsche Bundesschießen zeichnete sich ebenfalls durch einen erlauchten Kreis Angehöriger aus: Oberbürgermeister Forckenbeck als Ehrenpräsident, der Königliche Lotterieeinnehmer Diersch als Festpräsident und als sein Stellvertreter James Hobrecht. Lieutenant a.D. und Amtsvorsteher Schwartze gehörte ebenso zu den Mitgliedern.

Mit einem prächtigen Festumzug begann an der Siegesallee im Tiergarten schließlich am 6. Juli 1890 das mit Spannung erwartete Bundesschießen in Berlin. Der Festzug marschierte zunächst vor das Rote Rat-

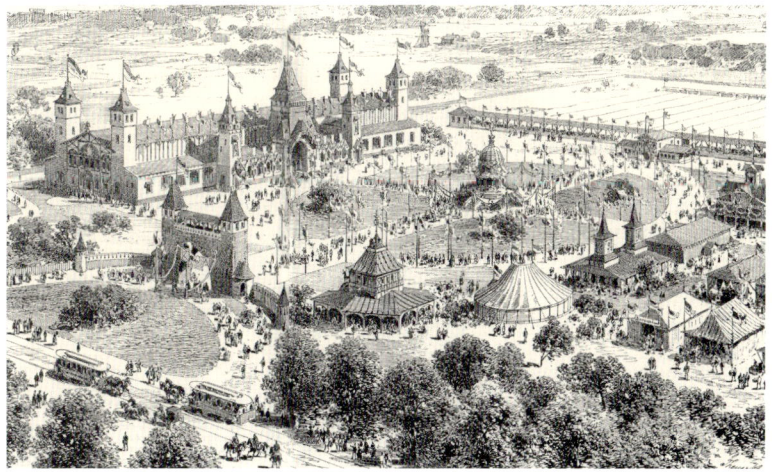

Festplatz des X. Deutschen Bundesschießens 1890 an der Berliner Straße

15

haus, wo eine große Tribüne gut 1.500 Leute aufnehmen konnte. Danach bewegte sich der Troß gen Pankow, angeführt von einer Reiterformation mit dem alten Banner der Berliner Schützengilde, einem Musikcorps, dem die ausländischen Schützen, Gruppen in historischen, verschiedene Jahrhunderte verkörpernden Gewändern folgten, bevor sich die festlich geschmückten Wagen jener deutschen Städte zeigten, in denen bis dato Bundesschießen stattgefunden hatten, allen voran der erste Ausrichter Frankfurt a.M. Hinter dem Festwagen der Stadt Berlin trottete die große Schar der inländischen Schützen, Mitglieder diverser Innungen und vieler Vereine. Der Beitrag zur Teilnahme am Schießen betrug 6 Mark, Ausländer hatten eine Zulassungskarte in Höhe von 3 Mark zu erwerben. Die Resonanz war groß, die Zahl der Schaulustigen noch größer. Dichtes Gedränge herrschte bis zum Ende des Bundesschießens auf dem östlich der heutigen Berliner Straße, etwa zwischen Eschengraben und Borkumstraße gelegenen Festplatz, vor dem ein burgartiges Eingangstor empfing. Das bekannte Architekten-Duo Cremer & Wolffenstein hatte die Festhalle erbaut, die immerhin 5.500 Schützen gefaßt haben soll, Bernhard Sehring, der wenig später das Theater des Westens plante, errichtete den runden Gabentempel, in dem die Preise und Pokale bis zur Verleihung aufbewahrt wurden. Diverse Schießbuden, Vergnügungs- und vor allem Bierzelte bekannter Brauereien komplettierten neben den Schießständen die Anlage. Die Zeitzeugen waren trotz des Wetters des Lobes voll, das Abschlußbankett strotzte nur so vor Dankbarkeitshymnen. Zitiert sei nur der Wiener Oberschützenmeister Dr. Waniczek: *Verehrte Festgenossen, liebe Freunde! Wer so herrliche Tage hier verlebt hat wie wir, der scheidet wohl mit Bedauern darüber, daß diese schönen Stunden zu Ende sind; ... Mich drängt es im Namen der Oesterreicher diesen Dank hier öffentlich auszusprechen ... daß es einem jeden von uns bewußt war: hier bist du als Oesterreicher gern gesehen! (Bravo!)*[9] Auf der anderen Seite beklagen die Gralshüter der Sittlichkeit gewisse Ausschweifungen, will heißen: *Wo Männer in Massen zusammenkommen, scheinen sie ohne Prostituierte sich nicht vergnügen zu können. Das zeigen unter anderem die Vorgänge auf dem 10. Deutschen Schützenfest...*[10]
12 Jahre später fand unter dem Protektorat seiner königlichen Hoheit des Prinzen Friedrich-Wilhelm von Preußen das XX. Mitteldeutsche Bundesschießen statt, nun endlich in Schönholz. Insgesamt 64 Ehrenpreise wurden für das Schießereignis im Juli 1902 angemeldet. Am 6. Juli um 11.00 Uhr traten die Schützen mit Fahnen am „Schloß Schönholz" an. Ein Stunde später begann die Feier, die ihren Höhepunkt in der Festtafel hatte. Erst um 16.00 Uhr wurde schließlich das Wett-

schießen eröffnet. Auch ein großes Feuerwerk gehörte zum Festprogramm. Acht Jahre später fand das nunmehr XXV. Mitteldeutsche Bundesschießen *in den herrlichen Anlagen des Schlosses Schönholz* unter dem Protektor Prinz Oskars von Preußen statt. *Die alte Berliner Schützengilde rüstet sich in ihrem prächtigen Besitztum „Schloss Schönholz" die Schützen aus allen deutschen Gauen und aus befreundeten Bundes- und Nachbarstaaten festlichst zu empfangen und herzlichst zu begrüßen.*[8] Vier Jahre später rüstete Deutschland gegen die Nachbarstaaten zu einem anderen, schrecklichen Schießen, dem Ersten Weltkrieg. Mit den Schützenfesten war es vorbei. 1933 beging die Schützengilde in Schönholz kühn ihr 500jähriges Bestehen, kühn insofern, als das Gründungsdatum so genau nicht feststand. Streichen wir eine Null weg, stimmt wenigstens das Umzugsjubiläum nach Schönholz.

Geblieben ist nur das Schützenhaus, das für eine mehr als 100jährige Tradition steht. Zwei Vereine teilen sich derzeit die Schießanlage, zum einen der Schützenverein Schönholzer Heide, 1990 aus der Sektion der Gesellschaft für Sport und Technik der DDR hervorgegangen, zum anderen die Schützen vom „Jägerheim" aus Reinickendorf. Die nach dem Bau der Mauer nach Spandau umgezogene Schützengilde möchte ihr einstiges Schießgelände rückübertragen wissen. Die Nutzung der Anlage soll beiden Vereinen weiter möglich sein.

Feste feiern

Das Fliegenfest – Szene aus dem Berliner Volks-Leben:
Warum sollt' ich denn mäßig sein: / Das Trinken ist ja schön! –
Drum nicht zum Mäßigkeits-Verein – / Nach Pankow will ich gehn!
Szene: auf einem großen freien Platz bei Pankow. Es hat eben aufgehört zu regnen; die Sonne ist wieder hervorgetreten und brennt tüchtig. Überall, wo nur im geringsten Schatten zu finden, haben sich Männer, Frauen, mannbare Mädchen und Backfische, kleine Knaben und kleine Mädchen in buntem Gemisch gelagert. Die Erwachsenen und Halberwachsenen verzehren ihre mitgebrachten Vorräte, worunter warm gewesene Knoblauchwürste die bedeutendste Rolle spielen, trinken tüchtig aus den cirkulirenden Flaschen und chikaniren die Vorübergehenden ...
EIN BETRUNKENER. Platz da! – furt hier! – Runnaldini will dorch! – Auß'n Weje, Pankokin, sonst tret ick dir dodt, tret ick dir. – Panko, du jammerscht mir! – bist noch lange nicht Lichtenberg (Schreiend). Nein, biste nich!
DIE GESELLEN. Was, der besoffene Esel will uns schekanir'n? – will Panko

verkleenern? – Des leiden wir nich! – Uff Panko laaßen w'r partutemank nischt kommen! – Haut den Liederjahn! Die rupfige Pupfe! – Schlagt ihn die Nusche in! [11]

Auf Pankow fällt erneut der Schatten einer Schlägerei. Gerade besondere Anlässe und Feierlichkeiten, die, wie der Stralauer Fischzug, mit magnetischer Wirkung Menschen anzogen, gingen meist nicht ohne „Keilerei" ab. Die Berliner Innungen lockten nach draußen, um ihre Feste zu feiern: die Garnweber das Flachsfest, die Seidenweber das Wurmfest, die Kammacher das Läusefest. In der oben zitierten Szene aus dem „Fliegenfest" reizte ein Trunkenbold die Ausflügler in Pankow, das *noch lange nicht Lichtenberg* sei. Dort beging die Berliner Tuchmacherinnung jeweils am 25. Juli des Jahres ihre große Festlichkeit, das „Mottenfest".

Die Raschmacher hingegen zog es nach Norden. Im Deutschen Wörterbuch erklären die Gebrüder Grimm jene Macher als Weber von Rasch, einem leichten Wollgewebe aus gröberem Kammgarn. Sie bildeten zur Zeit der Zünfte eine besondere Gruppe der Weber. Wer Tuchmacher höher einstuft, liegt wohl richtig, aber es gab auch den feinen Florentiner Rasch. Rasch hin, Rasch her, auch ihre Macher wollten feiern. So rasch jedenfalls kommt keiner mehr drauf, wie sich der Name ihres „Fliegenfestes" herleiten läßt. Die 1928 erschienen „Beiträge zur Heimatkunde des Bezirkes IV Berlin" zitieren einen alten Obermeister der 1924 aufgelösten Innung: *Es war im Jahre 1842, als die Vorstandsmitglieder der Gesellschaft der Zeug- und Raschmacher bei Linder in Pankow saßen und bei einem großen Glase Weißbier berieten, wie sie ihren Gewerkstag zu einem hervorragenden Fest ausgestalten könnten, und wie sie dieses nennen sollen.* [12] Auf dem Rand eines großen Weißbierglases saßen etliche Fliegen, die verscheucht werden mußten, um weitertrinken zu können. So fand der Vorschlag, die Feierlichkeit „Fliegenfest" zu nennen, allgemeine Zustimmung.

Eine schöne Geschichte – doch das Fest fand 1842 nicht zum erstenmal statt. Schon Ludwig Helling gibt in seinem „Taschenbuch von Berlin" aus dem Jahre 1832 einen Hinweis auf das Fliegenfest, *ein Volksfest, alljährlich im Juli oder August in Pankow gefeiert.* [13] Ludwig Rellstab schreibt drei Jahre später, er hätte das eine der drei hohen Feste Berlins, Mottenfest, Fliegenfest und Stralauer Fischzug besucht: *Aber noch fehlt mir der Athem es zu beschreiben, denn wer den Staub, den 30.000 Berliner (mindestens) aufregten etc., eingeschluckt hat, der muß erst seine Lunge acht Tage ausheilen lassen, ehe er in die Ruhmposaune stößt. Aber ich schwöre es Euch Berliner, ich schildere Euch das Fliegenfest, oder vielmehr mich auf dem-*

Sommer- und Biergarten Linder, Breite Straße, um 1900

selben.[14] Wer vom Fest berichtete, schilderte zunächst den Umzug aus der Stadt, die Kostümierungen, die Fahnenschwenker und zahlreiches Publikum, da die Gewerbefeierlichkeiten zu öffentlichen Veranstaltungen geworden waren. Die Popularität des „Fliegenfestes" trug ganz sicher zum Mythos des Ausflugs- und Vergnügungsortes Pankow bei, besungen in einem heute nahezu unbekannten Lied aus der Zeit um 1830:

Der Schneider muß nach Pankow schnell hinaus,
Um dort die Zeit mit Jubel zu vertreiben:
Da zieht er noch vor seiner Köchin Haus,
Allein die Herrschaft will, sie soll zu Hause bleiben.

O! weine nicht die Äuglein roth,
Als wenn uns nicht der nächste Sonntag bliebe!
Bleib ich doch treu bis in den Tod
Der Schneiderkunst und meiner Liebe.

Und als er so ein schön Adieu gesagt,
Hinkt er zum Haufen der Gesellen.
Bei Wettberg's schon wirds Pfeifchen angemacht,
Und alle Schneider fangen an zu grölen.

Mich schreckt es nicht, was uns bedroht,
Und wenn ich auch in Thränen stecken bliebe!
Bleib ich doch treu bis in den Tod
Der Branntweinpull' und meiner Liebe.

Ganz kreuzfidel rückt man ins Dörfchen ein
Und kürzt die Zeit mit tollen Streichen, –
Doch endlich schlägt man auch mit Fäusten drein,
Und unserm Schneider thut man Eins verreichen.

O! Schneiderblut, du fließt so purpurroth. –
Bei Hartwich's gab's noch niederträcht'ge Hiebe. –
Jezt glaubt es mir, bei dieser Noth
Vergaß der Schneider seine Liebe.[15]

„Wettberg" lag noch vor dem Dorf Pankow, „Hartwich" aber mitten-
mang. In Ferdinand Beiers „vergilbten Blättern" von 1909 wird er als
„zweiter Krug" in Pankow angegeben. Das erste Haus am Platz war zwei-
felsohne Linder an der Breiten Straße 34. Nicht nur die Größe des Lokals, auch des Sommer- und Biergartens auf der Rückseite, ja vor allem
der für Pankower Verhältnisse angemessene Konzertsaal trugen dazu
bei, vom Konzerthaus Linder zu sprechen. Am südlichen Ende der
Mühlenstraße verwies ein Schild auf das „Restaurant Bellevue" von
Anton Ringel, das am nördlichen Ende gegenüber der Einmündung in
die Breite Straße lag und einst den Namen „Rubeaus Kaffeehaus" führte.
An der Berliner Straße, dem Zubringer zum östlichen Teil des Pankower
Dorfangers, lockten das „Feldschlösschen" (später Kino Tivoli) oder die
Wirtschaft „Zum Kurfürsten" mit Außenbereich und größerem Saal,
von dem nach dem Krieg nichts übrigblieb. Der „Pankgraf" in der ehe-
maligen Schloßstraße, der eine an der Panke gelegene Badeanstalt
besaß, erlitt das gleiche Schicksal.

Lokal „Pankgraf" mit Badeanstalt an der ehemaligen Schloßstraße

Thiemanns Festsäle in der Straße vor Schönholz

Am Ostrand des Schönhauser Schloßgartens lag *das Eldorado der Berliner*[16], die Restauration „Strauchwiesen", die über große Kapazität im Außenbereich verfügte und für Konzerte geeignet war. Die Schilder verwiesen die Besucher „Zum Vergnügungs-Park" oder auf den „Eingang zum Conzert-Garten". Postkarten konnten verschickt werden, auf denen selbstbewußt stand: *Gruss von der Strauchwiese, Grösstes Etablissement des Nordens, Berlin-Niederschönhausen, Schloßallee 1-2.* Geblieben sind davon nur Erinnerungen, wie die an das Schloßpark-Restaurant Schüssler, ein Begriff auch durch die dazugehörige Eislaufbahn. Einzig die Gartenkolonie Schüssler vermag noch die Lage zu bezeichnen. Unweit, an der Galenusstraße, empfing die „Waldschenke". Neben dem „Schloß Schönholz" etablierte sich auch das „Schloß Schönhausen"; beide wurden keineswegs für Hohernzollern oder andere Adelige zur Sommerfrische gebaut, sondern benannten bekannte Lokale der Gegend. Es führten demzufolge zwei Schlösser den Namen Schönhausen, die beide an der Kaiserin-Augusta-Straße (Tschaikowskistraße) lagen, das „richtige" am östlichen Ende, das „falsche" an der Ecke zur Lindenstaße (Grabbeallee). Am westlichen Ende der Straßenachse stand das „Schloß Schönholz", von dem außer Geschichten nichts geblieben ist. Vom Restaurations-Schloß Schönhausen existiert der von der Straßenecke Grabbealle/Tschaikowskistraße zurückversetzte Ballsaal heute noch, besser wieder. Der Komplex, in der DDR-Zeit vom „VEB Maschinenfabrik Weißensee Betriebsteil Pankow" benutzt, erfuhr Anfang der 90er Jahre eine gründliche Renovierung und Wiederherstellung für kulturelle und Veranstaltungszwecke.

In Buch dümpeln in der Nähe des S-Bahnhofes die knapp hunder-jährigen Hubertussäle vor sich hin, in denen in den 50er und 60er Jahren „noch echt was los war". Hubertussäle gab es auch in Schönholz. Der Besitzer Rudolf Schmidt warb mit Konzertgarten, 2.500 Plätzen, großen gediegenen Hallen und „jeden Sonntag Militärkonzerte". In der „Straße vor Schönholz 14" lockten „W. Thiemanns Festsäle" mit einem Eingang zum Naturgarten, an der Charlotten-/Ecke Beuthstraße in Nie-derschönhausen die „Neu Carlshof"-Festsäle, vom Ökomom Albert Krause geleitet. In Nordend nannte sich ein bekanntes Vergnügungs-Eta-blissement „Sanssouci" – das sind beileibe nicht alle, doch die wichtig-sten Vergnügungsstätten.

Trotz all der Wirtschaften, Etablissements, Konzertgärten und Ballsäle läßt sich alleinig auf eine einzige Übernachtungsmöglichkeit verweisen, die dies im Namen führte: das „Hotel Roland" in der Wollankstraße 113. Pankow, die Vergnügungsgegend, der Ort zum Feste feiern und Schw-ofen, ist für Ausflügler ein beliebtes Tagesziel gewesen, mehr nicht und nicht weniger. Wer länger bleiben wollte, mietete sich eine Unterkunft für den Sommer, pachtete oder käufte gleich ein Grundstück — zunächst ohne, später mit Villen-Bebauung.

Heide-Theater

In den 30er Jahren ist der Versuch unternommen worden, einen „Luna-park"-Ableger nördlich der Bismarckstraße (Hermann-Hesse-Straße), östlich von der Schießanlage Schönholz und in der Nachbarschaft zum „Schloß Schönholz" zu etablieren, das „Traumland". Es gab sogar Be-strebungen, das „Fliegenfest" wiederzubeleben. Zum allgemeinen Be-dauern war dies nur von kurzer Dauer. Manche Orte sind dennoch nicht tot zu kriegen. In den Nachkriegsfünzigern fanden „heitere Abende" unter dem Motto „Schön ist's in Schönholz" statt:

Auf seine Bühnen im Grünen / ist der Berliner stolz
Aber die schönste von ihnen, / ist die Freilichtbühne in Schönholz.
Dort kann man vieles erleben: / Volkskunst, Theater, Ballett,
Tanz und Konzert und daneben / Varieté, Kabarett.
Drum zieht es auch ganz Berlin ...
nach Schönholz zu der Freilichtbühne hin ...[17]

Fritz Steinmann komponierte zu diesem Text von Ernst Ess das „Schön-holzer Marschlied". Wer heute die Schönholzer Heide durchstreift, wird nirgends einer solchen Freilichtbühne gewahr. Dereinst war es gar eine

Tanz im Heide Theater, um 1959

Lotterie, aus deren Fond 149.700 Mark zum Bau bereitgestellt werden konnten. Die vermerkte in ihrem Geschäftsbericht 1955 diese Aufwendungshöhe, als der erste Bauabschnitt als abgeschlossen gemeldet wurde. Am 17. August 1956 eröffnete das Heide-Theater, gefüllt bis auf den letzten der 2.500 Plätze, mit Shakespeares „Maß für Maß".

Die Aufführung inszenierte das Hans Otto Theater Potsdam. Es blieb bei weitem nicht das einzige Gastspiel. Der Kreis der Darbietenden und Darstellenden reichte vom Friedrichstadtpalast und der Staatsoper, vom Kabarett „Die Distel" und der „Herkuleskeule" bis zum Erich-Weinert-Ensemble der Volksarmee. Der Dichter Weinert, 1953 verstorben, wohnte nur wenige Meter entfernt in der Straße 201. Neben leichter und ernster Konzertmusik wußte vor allem der „Tanzabend nach neuesten Amiga-Schallplatten" zu gefallen. Bis 1958 entstand eine große WC-Anlage, aber es fehlt am Ende des Jahres weiterhin eine richtige Bestuhlung der Freiluft-Bühne und eine entsprechende Gastronomie, die, letztlich doch gebaut, von der sozialistischen Handelsorganisation HO als „Theaterklause" betrieben wurde.[18] Doch der anfänglich Schwung in der Freilichtbühne erlahmte zunehmend. Die Schönholzer Heide hat einiges kommen und untergehen sehen, das Freilufttheater gehört mit dazugezählt. Der Kulturbetrieb auf der Bühne des Heide-Theaters scheint ein letzter Versuch gewesen zu sein, den Vergnügungsort zu beleben. Heute bietet der Volkspark Schönholzer Heide lediglich die Möglichkeit, spazieren zu gehen, Hunde auszuführen, zu mountainbiken oder dem ausgeschilderten Natur-Lehrpfad zu folgen. Die PDS versucht sich jährlich mit einem vergnüglichen „Frühlinksfest". Und im Sommer trommelt das Trommelfest RAKATAK Leute zusammen.

Dörfer, Orte, Kolonien

Der Ursprung des 19. Berliner Verwaltungsbezirkes Pankow war das Dorf in seiner offenen, nichtumwehrten Form. In ihrer Überschaubarkeit und letztlich auch Abgeschiedenheit blieben diese aus heutiger Sicht geradezu kleinen Bauernsiedlungen von ihren Anfängen bis ins 19. Jahrhundert bestehen. Alle alten Dorfkerne sind noch in ihrer überkommenen Grundform erhalten. Von 1920 bis 1986 gehörten auch die alten Dörfer Blankenburg, Heinersdorf und Karow zur Pankower Verwaltungseinheit. Die immense Bautätigkeit und das Anwachsen der Bevölkerung in zunächst dünn besiedelten Bereichen im Ostteil der Stadt forderten förmlich neue Stadtbezirke heraus. Weißensee mußte 1985 Federn lassen. Vier seiner Landgemeinden bildeten fortan einen eigenen Verwaltungsbereich, und der hieß Hohenschönhausen. Was östlich von Weißensee verlustig ging, wurde westlich davon kompensiert. Die Verwaltungsgrenze von Weißensee verlief ab 1. Januar 1986 um die drei Dörfer Blankenburg, Heinersdorf und Karow. Der Pankower Bezirk hatte von nun an weniger zu verwalten und – war um drei Entwicklungsgeschichten ärmer.
Westlich vom Dorf Blankenfelde ist die Topographie der Landschaft besonders anschaulich, denn vielerorts erfährt der Städter aufgrund dichter Bebauung nicht mehr die geomorphologischen Besonderheiten Berlins. Hinter der Station der ehemaligen „Heidekrautbahn" und vorbei an den Kriegsgräbern, die in einem klitzekleinen Waldstück liegen, steigt die Straße nach Lübars, gesäumt von Bäumen, leicht an. Den besten Aussichtspunkt hat der Betrachter vor der Einfahrt in das waldige Stück der Blankenfelder Chaussee, da wo der Postenweg des ehemaligen Mauerstreifens über die Straße führt. Dieser Blick vom Plateau ist auch ohne große Romantisierung ergreifend, immerhin fast 68 m über N.N. gelegen (im Zentrum an der Spree sind es nur knapp über 30). Der Bezirk Pankow gehört zur Landschaft des Barnim, zwar nicht zum Kern dieser Grundmoränenplatte, aber zu dessen südlichen Ausläufern, die bis zur Spree reichen – das ist hier im besten Sinne zu sehen. Die Bezeichnung Barnim ist slawischen Ursprungs, eine Kurzform des Personennamens Barnimir. Das Schoßregister von 1450, das Abgaben und Steuern auflistet, unterscheidet in Hoher Barnim und Niederbarnim, zu letzterem zählt der Landstrich hier. Der preußische Staat wurde nach den Befreiungskriegen in Folge des Wiener Kongresses neugeordnet, die Provinz Brandenburg entstand. Seit dem 30. April 1815 existierten ein Regierungsbezirk

Potsdam und der von Frankfurt an der Oder. Ersterer umfaßte letztendlich 14 Landkreise, worunter auch der Landkreis Niederbarnim zählte, und hierzu gehörte verwaltungsmäßig all das, was 1920 nach Berlin inkorporiert und zur Verwaltungseinheit Pankow wurde.

Die Besiedlungsursprünge gehen weit in die Vorzeit zurück, bis etliche Jahrtausende vor der christlichen Zeitrechnung. Lagerplatzspuren aus der Steinzeit fanden sich an den Karower Teichen. Als die Aushebungen für einen der Komplexe der Heilstätten in Buch begannen, zog die 1904 in der Nachbarschaft der Panke gemachte Entdeckung eines Urnenfriedhofs mit Tongefäßen und diversen Bronzegegenständen eine wissenschaftliche Grabung nach sich. Die Archäologen förderten Überreste eines bronzezeitlichen Dorfes zutage, dessen meist zweischiffige Langhäuser ungleichmäßig und damit planlos gesetzt waren: Holzpfostenbauten mit Lehmausstreichungen und Herdstellen, die der sogenannten Lausitzer Kultur zugehören. Nach den Germanen besiedelten, durch eine von Hunnen ausgelöste Völkerwanderung, Slawen diese Gegend; Landschafts-, Orts- und Flußnamen verweisen darauf, wie sehr die Slawen den Landstrich prägten. Die deutsche Ostpolitik trieb Albrecht den Bären und seine Mannen im 12. Jahrhundert in slawisches Siedlungsgebiet. Die neu entstandenen oder übernommenen Orte bilden Mosaiksteine des späteren Verwaltungsbezirks Pankow. Diese Umstrukturierung bzw. Kolonisierung der kleinen ländlichen Slawensiedlungen leiteten Lokatoren im Auftrag der brandenburgischen Markgrafen. Ein solcher Landverteiler legte um 1220/30 im Bereich der Schulstraße/Berliner Straße in Pankow eine feste Hofstätte an, die von einem 9,50 m breiten und gut zwei Meter tiefen Graben umgeben war, der 1998 im Zusammenhang mit der Verlängerung der U 2 durch ein Grabungsteam des Archäologischen Landesamtes nachgewiesen werden konnte. Die Lokatoren erhielten als Dank für ihr Werk zumeist das Schulzenamt. Die befestigte und umwehrte Anlage verweist auf unruhige Zeiten und das Schutzbedürfnis nicht nur des Dorfschulzen, denn im Bedarfsfalle konnten auch Bauern und Kossäten Aufnahme finden. Die Bauern besaßen gemeinsame Rechte an Wiesen und Weiden sowie dem Gemeindewald. Das zu bestellende Ackerland bildete in Gänze das Gewann, ein viereckiges Flurstück, das in streifenförmige Hufen eingeteilt wurde. Die Kossäten, deren Besitz an Vieh und außerhalb der Hufen gelegenem Ackerland bedeutend geringer war, standen in der Hierarchie unter den Hufenbauern. Wenn auch nicht ausschließlich, so bildeten die Slawen wohl den größten Anteil der Kossäten und erarbeiteten ihr Zubrot auf den Bauernhöfen.

Als sich die Doppelstadt Berlin und Cölln zu Beginn des 13. Jahrhunderts an einer günstigen Furt der Spree weiter zu entwickeln und auszudehnen begann, traten andere Orte erst ins Licht der Geschichte: Blankenfelde, Buch, Buchholz, Niederschönhausen, Pankow und Rosenthal. In dieser Zeit entstanden auch im Barnim die Siedlungsformen des Straßen- und Angerdorfes. Das linsenförmige Angerdorf Buchholz ist den Quellen nach das älteste. Das Kloster Lehnin erwähnt den Ort 1242 als Besitzung auf dem Barnim. In die Dezennien 1220/30 zählen die Forscher ebenso die anderen Anlagen der zu Pankow gehörigen Ortschaften. Mit der Endung -ow ist der slawische Einfluß bei Pankow, ähnlich Gatow, Kladow, Rudow, Spandow, Treptow genauso herauszufiltern wie das Wendische, sprich Slawische, bei Wentzschenbuk, d.h Buch. Den Ortsnamen gibt es zigfach in Deutschland, im Falle von Buch bei Berlin soll er auf einen Namenspatron zurückgehen, den 1289 erstmals erwähnten Berliner Ratmann Johannes Buch. Buchholz findet sich, ähnlich dem nördlich von Berlin gelegenen Badingen, als Ortsname schon im Altmärkischen. Zuwanderer brachten ihre Siedlungsbezeichnung oft genug mit. Orte namens Blankenfelde liegen übrigens auch südlich von Berlin und im Mecklenburgischen. Wie bei Buch führt im Landesarchiv Berlin die Namensspur des Dorfes zu einem Berliner Ratmann, Johannes de Blankenfelte, der 1284 erstmalig genannt wurde.[19]

Blankenfelde

Der Ortsteil Blankenfelde hat fast im ursprünglichen Sinne seine Struktur bewahrt, deshalb soll die Erkundung des Stadtbezirks Pankow mit Blankenfelde beginnen. Als typisches Straßendorf zeigt es keine platzartige Erweiterung in Form eines Angers, auf dem der Kirchbau oder andere zentrale Gebäude vorhanden wären. In Blankenfelde steht die Dorfkirche in der Flucht der Bauerngehöfte. Die alte Hauptverkehrsader verläuft auf der Ost-West-Achse, die heutige hingegen auf der dominierenden Nord-Süd-Strecke. Zunächst bog der Verkehr, von Berlin über die gleichnamige und noch vorhandene Straße kommend, nach links ab und führte rechterhand weiter über die Schildower Straße. Dem Nord-Süd-Verkehrsfluß geschuldet ist das östlich der Kirche verlängerte Umgehungsstraßenstück der Blankenfelder Chaussee, das dem durch Blankenfelde Fahrenden bei einer grünen Ampelphase keinen Einblick gewährt.

Das Volkseigene Gut Blankenfelde im Sommer 1958

Ein rechteckiger Feldsteinbau mit geraden Wandabschlüssen im Westen und Osten, überfangen von einem einfachen Satteldach, auf dem westlich ein hölzerner Glockenturm aufsitzt, und dem südlichen Vorbau, der den Zutritt zum mit aller Schlichtheit und Einfachheit gestalteten Kirchensaal ohne Gewölbe ermöglicht, steht auf dem höchsten Punkt des Dorfes. Heutzutage nicht mehr erlaubt, ehemals aber selbstverständlich ist die Friedhofsanlage um den Sakralbau. An der Pankower, Niederschönhauser und Buchholzer Kirche ist hingegen nichts mehr von dieser ursprünglichen Begräbnisstätte zu sehen. Wie die Kirche erscheint auch das Dorf west-östlich ausgerichtet. Die Zahl der Dorfbewohner lag 1734 bei 143 Personen, 1919, ein Jahr vor der Eingemeindung nach Berlin, bei 909.

Zwischen Blankenfelder Chaussee und Berliner Straße liegt an der Hauptstraße Nr. 28/30 das ehemalige Gut Blankenfelde mit dem zu einem Gutshof gehörigen Gebäudeensemble, bestehend aus dem alten Herrenhaus, das mit seiner modernen Verputzung wenig Herrschaftliches mehr hat, den Wirtschaftsgebäuden und Stallungen nebst Verwalterhaus. Die bäuerliche Geschäftigkeit des „Volkseigenen Gutes VEG Blankenfelde" ist seit der Wendezeit 1989 dahin. Am Eingang zum verlassen gelegenen Gehöft Nr. 28 geben Stempeleindrücke noch preis, daß die Ziegelsteine aus der Nachbarschaft kamen: EFS Luebars. Die nach Mitte des 19. Jahrhunderts errichtete Ziegelei Lübars arbeitete weit über den eigenen Bedarf hinaus und belieferte auch den Nachbarort Blankenfelde. Zwei äußerlich reine Ziegelsteinbauten, sogenannte Schnitterkasernen, stehen noch an der Hauptstraße in Nr. 15/17. Die zweigeschossigen Landarbeiterhäuser mit Hofgebäuden und Remisen vom Ausgang des letzten Jahrhunderts beeindrucken als Gesamtanlage wie als Einzelbeispiel in Nr. 47 und bezeugen die Größe des Gutsbetriebes. Die im westlichen Bereich stehenden Büdner-, will sagen Kleinbauernhäuser gehören in die Mitte des 19. Jahrhunderts und damit zu den älteren Wohnbauten. Ein dorfeigenes Unterrichtshaus gibt es seit 1886 und nennt sich Platanengrundschule, obwohl davor keine steht. Schräg gegenüber dem ehemaligen Gutshof empfängt der alte, eingeschossige Dorfkrug, dem rechts ein größerer Saal namens „Schützenhaus" hinzugefügt wurde.

Eine dörfliche Einkaufsmöglichkeit, wie ehedem in Nr. 36 der Dorfkonsum, ist nicht mehr vorhanden, dafür weist am Haus Nr. 52 eine alte Inschrift darauf hin, daß es im Laden bei Elise Jacobi neben Colonialwaren auch Glas, Porzellan, Tabak, Cigarren und Cigaretten zu kaufen gab.

Wenn es in Gesellschaftsordnungen wenig Privatkapital für größere Investitionen gibt, wie das in der DDR der Fall war, ist das für Häuser leidlich, für den ursprünglichen Zustand günstig. Bei aller Unansehlichkeit vieler Gebäude hat die überkommene Erscheinung des Dorfangers etwas Altehrwürdiges; die kopfsteingepflasterte Allee tut ihr übriges, an vergangene Straßen- und Dorfverhältnisse zu erinnern. Das Bezirksamt erließ 1997 eine Erhaltungsverordnung, die die Bezirksverordnetenversammlung ebenso passierte, wie der Senat den vom Stadtbezirk beschrittenen Weg billigte. Ein herausgeputztes Museumsdorf ist vorerst nicht zu erwarten, denn das Rechtsmittel der Erhaltungsverordnung soll den Bestand schützen, beinhaltet jedoch kein Sanierungskonzept. Auch der rückwärtige Raum der zum Anger gehörigen Grundstücke muß unberührt bleiben, damit sich die umliegende Landschaft erhält. Sicherlich von großem Vorteil ist nach 1882, durch den Verkauf an Berlin, die Anlage von Rieselfeldern ringsum das Dorf gewesen, die eine geschlossene Bebauung an den nach Blankenfelde führenden Straßen und Wegen verhinderte, weshalb der Ort im guten Sinne allein auf weiter Flur liegt. Die neuentstandene Stadtrandsiedlung Blankenfelde liegt ein gutes Stück entfernt an der Stadtgrenze von Berlin und beeinträchtigt nicht den dörflichen Charakter des Ortes.

Rosenthal

Wer den betagten, sehr holprigen Kopfsteinplasterweg der Mönchmühler Straße vom westlichen Ortsrand Blankenfeldes wählt, gelangt nach einer Doppelkurve in das Dorf Rosenthal, das sich in seinem Zentrum noch sehr dörflich zeigt, aber drumherum kaum mehr. Der alte Verkehrsweg nach Reinickendorf, der auch hier Hauptstraße heißt, weitet sich zum Anger, an dessen rechter Seite das Wirtshaus Rosenthaler Hof liegt, der auf altehrwürdige Weise mit dem Hinweis „1877 gegründet" wirbt. Die Bezeichnung „großes Angerdorf" wird Rosenthal insofern gerecht, als es 1375 mit 72 Hufen die anderen Dörfer mit quantitativen Abstand zurückließ. Blankenfelde hatte dereinst nur 54, Pankow gar nur 42 Hufen aufzurechnen.

Dorfkirche und Gemeindebüro Rosenthal, Postkarte von 1915

Hinter der Dorfeiche mit umlaufender Bank schließt sich die ehemalige Gemeindeschule an, ein zweigeschossiger Klinkerbau von 1854, und daran ein Wohnhaus mit Stallungen, die ehemalige Diakonissenstation. Beachtenswerterweise liegt der Schulbau zentral auf dem Dorfanger, so wie das einst auch bei der Gemeindeschule westlich der Pankower Dorfkirche der Fall war. In der unmittelbaren Nachbarschaft folgt der Kirchenkomplex, zu dem der eingezäunte Friedhof mit einzelnen gußeisernen Grabkreuzen aus dem 19. Jahrhundert gehört. Der westliche Turm besteht aus weißer Kalksteinmauerung, die kontrastierend einen roten Backsteinabschluß für das Glockengeläut zu Beginn unseres Jahrhunderts bekam, als sich auch manches Bauernhaus schon im neuen Gewand zeigte. Das Mittelschiff weist hingegen noch den ursprünglichen

Granitquaderbau aus dem 13. Jahrhundert auf. Die barocken Erneuerungen vom Beginn des 18. Jahrhunderts sind im östlichen Teil am Ende des 19. Jahrhunderts romanisierend ersetzt worden, wodurch die Kirche einen typischen dreiapsidialen Schluß bekam. Der Unterschied zum Straßendorf Blankenfelde ist damit klar angezeigt: die Hauptstraße weitet sich zu einem Anger, auf dem zentral Kirche und Schule stehen, nicht wie im Nachbardorf in der Flucht der Höfe.

Das in Rosenthal der Gutshof ebenfalls unweit der Kirche lag, fällt durch die stark veränderte Anlage nicht sofort ins Auge, zumal am südöstlichen Rande der den Kirchhof umlaufenden Straße die Wirtschaftsgebäude und zwei typische zweigeschossige Landarbeiterkasernen stehen. Das von einem Krüppelwalmdach geprägte siebenachsige Gutshaus will nicht so recht in Erscheinung treten.

Die Gemeinnützige Wohnungsbau AG Berlin möchte hier am Dorfanger bauen. Im Vorfeld dieses Engagements legten Archäologen des Landesdenkmalamtes Holzbauten aus dem 13. Jahrhundert frei, im Keller waren zudem Keramikgefäße erhalten geblieben. Auch wenn die dendrochronologischen Untersuchungen noch ausstehen, scheinen die Funde doch die immer wieder zitierte Behauptung zu bestätigen, schon ein Säkulum vor dem Eintrag ins Landbuch Kaiser Karls IV. habe die Besiedlung von Rosenthal begonnen. Worüber nicht gemutmaßt zu werden braucht, weil es die bildlichen und schriftlichen Überlieferungen schon festhielten, ist ein kleines Lustschloß, dessen U-förmiger Grundriß gleich mit freigelegt wurde. Noch war Friedrich III. brandenburgischer Kurfürst, als er 1693 *von den von Goetzen* neben Schloß Tegel und Hermsdorf das Gut Rosenthal kaufte, *eine Viertelmeile hinter dem Gesundbrunnen*, wie Nicolai schreibt. Diese drei Flecken wurden zum Amt Niederschönhausen gelegt. *Das herrschaftliche Haus war 1713 ziemlich alt, hatte aber an den Seiten einige Lusthäuser und Babillionen angebauet. Gegen Morgen liegt ein großer Baumgarten, gegen Mittag ein Lustgarten mit einem schönen Bogengang und zwei künstlich gezogenen Linden, die eine von 3 die andere von 4 Boden*, lesen wir in B.L. Bekmanns Handschriftlicher Chronik von Berlin.[20]

Ein barocker Gärtner- und Bautrupp komplettierte also das herrschaftliche Anwesen des sich 1701 selbst vom Kurfürsten zum König krönenden Friedrich I. in Preußen. Die Anlage verkam schon unter seinem Sohn, dem sparsamen Soldatenkönig. Dessen Sohn wiederum, Friedrich II., der sich dann König von Preußen nannte, ließ wenigstens die Fasanerie, die sein Großvater 1706 nördlich von Rosenthal eingerichtet hatte, wieder aufleben, wenn auch nicht als wilde, sondern als künstliche. Der

Standort der Alten Fasanerie gehört heute zu Reinickendorf und ist namentlich noch auf Karten ausgewiesen, da ein Straßenzug nach ihr heißt. Es sei erwähnt, daß der Noch-Kurfürst etwa gleichzeitig das Gut Blankenfelde erwarb und auch dort parallel zur Dorfstraße ein Lust- und Baumgarten vorhanden war. Die B 96 durchschneidet heute das Gelände.

Die repräsentative Bebauung, wenn auch von unterschiedlicher Qualität, streckt sich entlang des Dorfangers. Rosenthal weist die typischen, mit ihrer Längsseite zur Straße stehenden, sechs- bis siebenachsigen, aber nur eingeschossigen Wohnhäuser auf, die, gerade in saniertem Zustand, mit ihren äußeren Gestaltungen durchaus den Zeitgeist des 19. Jahrhunderts wiederspiegeln: klar geordnete und übersichtliche klassizistische oder renaissancemäßige Fassaden. In der Hauptstraße 146 setzt die weiße Ornamentierung und Stuckrahmung einen beabsichtigten Kontrast zur roten Backsteinhaut des Hauses, in Nr. 128 findet sich ein beeindruckendes Beispiel gelungener Ausbalancierung des Fassadenschmucks. Dem siebenachsigen Putzbau ist eine Mitteltreppe vorgelegt, wie sie noch bei einigen Bauten der Zeit vorkommt, und dessen mittige Gewichtung durch einen herausgehobenen Dreieckgiebel betont wird, der einen Zeuskopf umschließt. Zwei schwebende Engel halten die Inititialen CN. In dem Ornamentfries unter dem Dach reihen sich Hermesköpfe, über der Fensterrahmung antikisierende Fruchtgirlanden. Andere Gebäude kommen ganz ähnlich mit Mittelrisaliten, Dreieckgiebelbetonungen, klassizistischen Pilastergliederungen und Fensterrahmungen daher. Dahinter liegen die Höfe, eingeschlossen von Backsteinstallungen und Remisen. Leider wird der dörfliche Bebauungsrhythmus durch eine Vielzahl nicht konstituierender Gebäude gestört, die Kaufhalle ist das auffälligste Beispiel.

Pankow

Der alte Anger von Pankow in der Breiten Straße zeigt sich in viel stärkerem Maße verstädtert. Schon August Trinius beschreibt 1888 *das allen Berlinern wohlbekannte Dorf Pankow, das zwar längst in seiner äußeren Gestalt den Charakter eines Dorfes abgestreift hat und mit seinem herrlichen Baumschmuck, den reizenden Vorgärten, eleganten Landhäusern und der stattlich neu erbauten Kirche eher einen städtischen Eindruck hervorruft; sagte uns nicht die beruhigende Stille, die balsamische Luft bei jedem Schritte, daß wir uns zwar in nicht allzu großer Entfernung von einer Hauptstadt befinden, trotzdem aber auf dem Lande weilen.*[4]

In der Wollankstraße 130 ist ein relativ kleines Grundstück mit einem eingeschossigen Vorderhaus bebaut, das mittig eine übergiebelte Erhöhung besitzt. Davor sind zwei ehemals zierliche Baumanpflanzungen kräftig in die Höhe geschossen. Die Bäckerei Hartmann war bis zu ihrer Schließung in den 80er Jahren wichtiger Bestandteil des Straßenlebens. Der enge Hofraum, aus dem ein markanter, auf das Gewerbe hinweisender Schornstein herausragt, ist durch Stallungen und Remisen eingefaßt. Vergleichbares ist am Anger nicht mehr zu zeigen, und das beschriebene Grundstück in der Wollankstraße vermittelt vielleicht etwas vom untergegangenen dörflichen Habitus.

Der zentrale Bau des Angers ist unbestritten der Solitär der Kirche, die von Ost nach West immer jüngere Bauphasen aufweist, dadurch aber nicht unbedingt gewinnt, wie der westliche Vorbau vom Beginn unseres Jahrhunderts zeigt. Das alte feldsteinerne Hauptgebäude aus dem 15. Jahrhundert blieb stehen und bildet nun das Sanktuarium. Der Verweis auf die Blankenfelder Kirche ist nicht abwegig, da eine Giebelwand im Osten den Sakralraum gerade abschließt und im Westen bei ebenfalls geradem Wandabschluß ein Fachwerkturm aufsaß. Karl Wilhelm Redtel entfernte 1832 den hölzernen Dachreiter, in der falschen Hoffnung, einen neuen Turm anfügen zu können. Die Fenster in der Ostwand belichteten durch Vergrößerung nun besser das Kircheninnere. Die durch das Stangengerüst geprägte Giebelwand mit ihren Spitzbogenblenden blieb unangetastet. Neugotisch baute Friedrich August Stüler in den späten 1850er Jahren weiter, in dem er im Westen eine dreischiffige Halle anfügte und an den Verjüngungspunkten zum alten Feldsteinbau zwei schlanke, nicht zu wuchtige Türme setzte, deren Spitzhelme früher noch weiter in den Himmel ragten, aber nach der Weltkriegszerstörung tiefer gesetzt wurden. Wie in Blankenfelde umschloß eine Friedhofsmauer den Komplex, die aber mit der 1841 erfolgten Verlegung des Gräberfeldes an den westlichen Dorfrand und die ehemalige Spandauer Straße hinfällig wurde. Einzig ein gußeisernes Werk in klassizistischen Formen erinnert an der verschatteten Südseite des Feldsteinbaus an den Schauspieler und Komiker des alten Königstädtischen Theaters am Alexanderplatz, Johann Heinrich Ludwig Schmelka.

Die Panke

Der Name Pankow läßt sich nicht nur aus dem Slawischen, sondern auch von einem Wasserlauf ableiten: von der Panke, deren slawische Wortherkunft „Fluß mit Strudeln" bedeutet. Sie entspringt nordöstlich von Bernau, östlich vom Bahndamm der Stettiner Bahn und westlich einer Verbindungsstraße nach Albertshof. Doch der Quell ist oberirdisch nicht zu entdecken. Erst in der Nähe der Bundesstraße 2 entwickelt sich der Wasserlauf, der nach 27 Kilometern in die Spree mündet. Das schwarze Loch in der Ufermauer vor dem Berliner Ensemble sah einst das eingerohrte Pankewasser sich in den größeren Strom ergießen; heute fließt die Panke ausschließlich an der Grenze zwischen Wedding und Mitte in den Berlin-Spandauer-Schiffahrtskanal. Nach ca. dreiviertel ihres Laufs erreicht die Panke Pankow.

Keineswegs so gerade wie heute ist das Flüßchen zwischen Schloßpark Niederschönhausen und Bürgerpark verlaufen, es beschrieb nach Süden einen größeren Bogen. Darin sahen Forscher den umflossenen slawischen Burgwall Alt-Pankow. Ein kleines Kapellchen steht in der Parkstraße auf einem Hügel, und diese Erhebung soll der letzte Rest der Wallanlage sein. Somit lägen in diesem Bereich die Ursprünge des Dorfes. Im 13. Jahrhundert wurde dann weiter südsüdöstlich gesiedelt. Die Panke ist zu Beginn des 19. Jahrhunderts begradigt worden. Was

Die Panke vor ihrer Begradigung

links, sprich südlich von ihr lag, gehörte zu Pankow. Infolge des nun schnurgeraden Wasserverlaufs lag im übertragenen Sinn eine Nieder-schönhauser Exklave auf der linken Pankeseite, die als Pfarr- und Kirchacker dem Nachbardorf zugehörte. Am 20. Januar 1852 kaufte der Büdner Kühne dieses Grundstück, das, 11 Morgen und 169 Ruthen groß, auch als „Der Hardenberg" bezeichnet wurde, eine Erhebung, die heute nicht mehr zu sehen ist.[21] Gustav Kühne wollte den Neuerwerb mit seinem kleineren, auf östlicher Pankower Seite befindlichen älteren Besitz zusammenlegen. Voraussetzung war jedoch, daß das Königliche Rentamt Mühlenhof – für Niederschönhausen zuständig – genauso wie der Kirchenvorstand zustimmte, damit das Gebiet zukünftig zur Ge-meinde Pankow gezählt werden konnte. Der positive Bescheid ließ nicht lange auf sich warten. Die Panke avancierte wieder zum Grenz-fluß und ist es bis heute geblieben. Am Nordufer einen Promenadenweg zu gestalten, hatte einst schon der Pankower Gartendirektor Alexander Weiß vor. Als sich im Zentrum Berlins 1992 Bestrebungen für die Wie-derbelebung des alten Pankelaufes regten, wollten die Planer gleich-zeitig in Pankow diesen Wanderweg innerhalb des beabsichtigten Nord-Süd-Grünzugs der Panke anlegen. Ein diesbezüglicher Beschluß der Bezirksverordnetenversammlung Pankow ist allerdings immer noch nicht umgesetzt.

Auf Höhe des Bürgerparks stand seit dem 16. Jahrhundert eine Papier-mühle an der Panke, die zum Antrieb Wasser brauchte, viel Panke-wasser. Der Berliner Dichter Carl Wilhelm Ramler witzelt in einem Brief von 1749: *Der Fluß Pancke ist so groß, daß ich ihn zuerst für eine Rinne hielt, bis uns Herr Hempel versicherte, es wäre ein Fluß.*[22] Doch riß ein Hoch-wasser im frühen 19. Jahrhundert den Müller in den wirtschaftlichen Ruin. Gegenwärtig würde die Panke im günstigsten Falle einem erwach-senen Menschen bis an die Waden gehen. Um die Jahrhundertwende konnte an der heutigen Ossietzkystraße in der Panke gebadet werden, was auch bis zum Verbot im Jahre 1925 nordwestlich vom Bürgerpark möglich war.

Zurück zum alten Dorf Pankow. *Es präsentiert sich dieses vielmehr behäbig und freundlich dem von Berlin kommenden rechts und links, als eins der be-sten märkischen Bauerndörfer. Freilich Luxusbauten, wie in den westlichen Vororten Berlins, z. Bsp. Westend, Steglitz, Lichterfelde und Wannsee, wird man hier nur wenige finden, dafür aber auch nicht das Parvenue- und Grün-dertum, wie es sich anderweitig vielfach in der Umgebung Berlins breitge-macht hat. Dem aufmerksamen Beobachter werden die soliden Landsitze und schlichten, behaglichen Landhäuser aus der alten guten Zeit nicht entgehen.*

Zum Teil haben sie sich seit mehreren Geschlechtern vererbt – und das will bei der Veränderlichkeit des Grundbesitzes in und um Berlin schon etwas bedeuten; es herrscht hier gediegene Wohlhabenheit, die sich nicht breit zu machen liebt, vielmehr, teilweise vielleicht aus Besorglichkeit vor dem Anziehen der Steuerschrauben, hinter Schlichtheit und Einfachheit sich zurückzuziehen und zu verbergen sucht, heißt es 1890.[23] Und wie schrieb Gewährsmann Trinius zwei Jahre zuvor? Pankow sei *vornehmer, zurückhaltender geworden; reiche Berliner Kaufleute haben hier für den Sommer Luft und Grün in Pacht genommen, und auch einen Teil der alten Gemütlichkeit.*[4]

Ein frühes Zeugnis der Vornehmheit steht in der Breiten Straße 45, in dessen ferner Nachbarschaft residierte in den Sommermonaten die Königin Elisabeth Christine im Schloß Schönhausen. Das lockte Leute aus dem Umfeld des Hofes, aber nicht nur diese, nach Norden. Wohlhabende faßten den Kauf eines Grundstücks für den Sommersitz außerhalb der Residenzstadt ins Auge. Nach dem Dreißigjährigen Krieg, zu dessen Beginn Pankow 188 Einwohner zählte, erfreute sich nicht jeder Hof einer Bewirtschaftung. Einige, die wüst lagen, konnten an aus Frankreich hierher geflüchtete Réfugiés abgegeben werden. Der Hugenotte Noé bekam zunächst das genannte Grundstück in der Breiten Straße 45, auf dem der beachtenswerte siebenachsige, aber nur eingeschossige Spätbarockbau mit Krüppelwalmdach steht. Der Erwerber des 1769 schon zusammengelegten Besitzes, der Kaufmann André Espagne, hat den Bau um 1770 zu verantworten, als im Dorf 202 Bewohner

Dorfanger Breite Straße mit Doppeltürmen der Kirche, rechts das Schulhaus

lebten. Schielten die Pankower Bauern nun neidisch auf den respektablen Bau, vor dem keine Hühner rumgackerten, sondern alsbald vier die Temperamente symbolisierende Putti standen, oder freuten sie sich, solche Bauherren und Besitzer in ihrer Mitte zu haben? Die Bezeichnung als „Villa Hildebrand" geht auf den Kauf des Anwesens durch den Berliner Richard Hildebrand im Jahre 1866 zurück, das der Konditor- und Schokoladenfabrikanten-Familie bis 1938 gehörte. Vorher war es anderthalb Jahrzehnte Eigentum des Bibliothekars von Friedrich Wilhelm IV., Charles Duvinage, der den Sommersitz 1865 abstieß – da wohnten in Pankow schon knapp 2.000 Menschen.

In der östlichen Nachbarschaft von Nr. 45 hatte der Kaufmann Carl Philipp Möring Grundstücke erworben und in einen Sommersitz umgewandelt, von dessen Bebauung Abbildungen überliefert sind: auf einer Deckeltasse ist das Gartenhaus von 1810/11, auf einer Untertasse die 1814/15 erbaute Orangerie zu erkennen. Zu den Gebäuden heißt die Bildunterschrift zum einen *Erfunden und erbaut von Zelter*, der als gelernter Maurermeister ab und an auch noch in diesem Gewerbe tätig war, obwohl er sich als Leiter der Berliner Singakademie vor allem der Musik verschrieben hatte, zum anderen *Erfunden und gebaut von L. Catel*. Auch der Geldadel war in Pankow präsent: die Bankiers bzw. Bankiershäuser Ball, Bleichröder, Lessing und Schickler. Von der Bleichröder-Bebauung hat sich in Nr. 33a ein Gebäudekomplex erhalten. Auch die Kommerzienräte Brüstlein oder Delschau, Fabrikanten wie Hildebrand sowie diverse nicht näher bezeichnete Direktoren hatten Adressen am alten Anger. Nicht nur für den Sommer nahmen auch Ärzte Luft und Grün am Dorfanger in Pacht.

Buchholz

Bei Friedrich Nicolai heißt es 1779: ... *ein Dorf 1 1/2 Meilen von Berlin, im Niederbarnischen Kreise, unter das Amt Mühlenbeck gehörig. Hier sind viele französische Bauern und Küchengärtner, welche auch einen französischen Prediger haben, und viel gutes Gartengewächs bauen, womit sie Berlin versehen. Es sind hier verschiedene Landhäuser, welche Privatpersonen in Berlin gehören.*[7] Im Conversationshandbuch des Freiherrn von Zedlitz von 1834 liegt es nur noch eine Meile von Berlin entfernt, *hat einige hübsche Landhäuser und baut gutes Gemüse. ... Gastwirthschaft und Kaffeehaus früher bei Demoiselle Espagne, jetzt bei Berendt.* Ein Kaffeehaus in Buchholz. Voilà! Auf denn zur „Wallfahrt nach Frantzösch Bucholz"!

Chodowieckis Wallfahrt nach Buchholz von 1779: Zwar war der geplante Ausflug wegen Regen ausgefallen, wurde aber doch zu Papier gebracht

So untertitelte der bekannte Künstler Chodowiecki seine Radierung von 1779, als er seine vier Jahre zuvor entstandene Arbeit für die Veröffentlichung freigab, insofern es sich nämlich ursprünglich um eine Familiendarstellung handelte: An der Spitze marschiert die Tochter mit Brotkorb und Stangengabel, an der Würste und eine Brezel hängen, gefolgt von einem Esel, der einiges zu tragen hat, nämlich Sohn und Neffen, schließlich in Körben die beiden Jüngsten. Am Schluß des Zuges Schwester und Tochter sowie ein fidelnder Freund des Hauses, der für den nötigen Schwung sorgte. Die Großmutter des Malers und Stechers Daniel Chodowiecki war Französin. Seine Mutter brachte den französischen Anteil, der Vater seinerseits den polnischen mit. In Danzig geboren, siedelte er zur Ausbildung nach Berlin und blieb. So wird er nicht nur unter die Berliner Künstler gezählt, sondern auch unter die deutschen. Anfang des 18. Jahrhunderts arbeitete ein Jean Barez in Buchholz als „Lecteur" und Kantor, dessen Sohn wiederum 1724 in der hiesigen Kirche heiratete und mit seiner Frau neun Kinder zeugte. Die 1728 geborenen Jeanne Marie führte 1755 besagter Chodowiecki vor den Altar, wenn auch nicht in Buchholz, wohin aber verwandschaftliche Beziehungen bestanden – das erklärt das Ausflugsziel. Indes hatten schon seit 1688 viele eingewanderte Franzosen die alte Örtlichkeit durch ihre Anwesenheit geprägt, eine Kolonie gegründet und zur genaueren Bezeichnung Französisch-Buchholz beigetragen. Obwohl schon vor dem Edikt von Potsdam von 1685 Réfugiés ins Land Brandenburg einströmten, ging doch von diesem Schriftstück eine Initialzündung aus. Die Rekatholisierung Frankreichs zwang die Protestanten kalvinistischer Prägung zur rettenden Auswanderung. Die Aufnahme unter dem Großen Kurfürsten ins lutherische Brandenburg funktionierte deshalb konfessionell so reibungslos, weil 1613 einer seiner Vorgänger, Johann Sigismund, auch aus politischen Motiven zum Kalvinismus übergetreten war, ohne daß alle Landeskinder den Wechsel vollziehen mußten. Einem kalvinistischen Herrscheraufruf ins Brandenburgische zu folgen war, so gesehen, einfacher. Die Grundstückspachtungen durch Franzosen im ausgehenden 17. und frühen 18. Jahrhundert im Ort Pankow waren nicht so prägend wie in Buchholz. Hier wie da lagen infolge des Dreißigjährigen Krieges Höfe wüst und Ackerflächen brach. Im Ort Buchholz zählten zunächst sechs Gärtner- und zehn Kössatenfamilien zu den aus Frankreich Zugezogenen, deren Neubeginn in der Fremde der Landesherr durch gute Rahmenbedingungen erleichterte. Brandenburg gereichte dies nicht zum Schaden. In der Landwirtschaft ging es mit dem Gemüseanbau bergauf: Wer aß zuvor Artischocken oder Chicoree, Blumenkohl oder Spargel? Mit Erbsen und Spinat ging das Speisenangebot weiter, vom Tabakanbau nicht zu schweigen, der sich besonderer Qualität rühmen konnte. Die Blumenzucht der Franzosen war im besten Sinne ansehlich, ihre Gewächshäuser nicht minder und lockten förmlich zu „Wallfahrten". Pfarrer Samuel Durieux bestätigte dies schon für die Zeit von 1780, als er dem Oberkonsistorium in Berlin erklärte, Gottesdienste in französischer Sprache seien zwecklos, nicht nur, weil er sie selbst nicht so gut beherrsche, auch *wegen der Nachbarschaft von Berlin würde ein solcher Gottesdienst auf verschiedene Schwierigkeiten stoßen, da Buchholz ein Ausflugsort ist, wohin sich im Sommer viele Deutsche und Franzosen begeben ...*[20] Heute noch eine gute Adresse, ehedem auch einmal in hugenottischem Besitz, ist am Buchholzer Anger die Restauration „Zum eisernen Gustav", was sich auf eine hier gedrehte Filmszene mit Heinz Rühmann bezieht, die den bekannten Berliner Droschkenkutscher zum Gegenstand hatte.

Der Zuzug der Réfugiés erforderte ab 1689 die gemeinsame Nutzung des vorhandenen Kirchbaus mit den Lutheranern. Zehn Jahre später zählte die französische Kolonie 20 Familien und 86 Personen.

In Berlin kam es durch das stärkere Anwachsen der Kolonisten zu eigenen Bauten, in Buchholz blieb es bei dieser anfänglichen Regelung.

Die Buchholzer Familie Lusche vor ihrem Bauerngehöft

Der älteste, mit Granitquadern gebaute Teil der Dorfkirche befindet sich westlich und stammt aus dem 13. Jahrhundert; die urkundlich älteste Erwähnung von Buchholz datiert von 1242. Eine besondere architektonische Lösung erfolgte 1852 im Osten der Kirche durch den Anbau eines Querschiffes mit Staffelgiebeln, das achsial aufs Kirchenschiff bezogen, eine Apsis bekam. Bald darauf ließ die Gemeinde einen dreigeschossigen Turm im Süden zwischen Altbau und Querschiff setzen. Auf der Nordseite steht der ebenso in den 1850er Jahren errichtete Schulneubau. Der Friedhof um die Kirche ist wie in Pankow verschwunden und befindet sich westlich vom Anger.

Ein sehr seltenes Exemplar von Haus fiel einem Abriß in den 60er Jahren zum Opfer: das sogenannte Hugenottenhaus in der Hauptstraße 57, nach Mitte des 18. Jahrhunderts gebaut, bestand aus Holz.

Ansonsten finden sich die in den Dörfern typischen Wohnhäuser des 19. Jahrhunderts. Ein prägnantes Beispiel steht in der Berliner Straße 12, eingeschossig, mit Mittelrisalit, das noch ein zweites Geschoß besitzt, dessen große Übergiebelung einen lagernden Hermes zeigt. Ebenfalls spätklassizistisch präsentiert sich das zweigeschossige Amtshaus in Nr. 24 von 1879. Mehrere Häuser an der Hauptstraße (16, 18, 19) zeigen ihre Denkmalwürdigkeit, da sie noch die alten Einfriedungen der Wohnbauten, Stallungen und Scheunen oder die alte Hofpflasterung

Das hölzerne Hugenottenhaus östlich der Dorfkirche, 1963

besitzen. Ein historischer Kossätenhof erhielt sich in Nr. 45, dessen älteste Teile auf das 18. Jahrhundert zurückgehen. Im Mai 1968 erfolgte der Abriß des verwahrlosten Buchholzer Herrenhauses. Betrüblich, daß sich der nach Lenné gestaltete Park hinter einem älteren, regelmäßig gestalteten Garten im Teil des Elsbruchs nicht erhalten hat, sondern einzig die Bezeichnungen Parkstraße und Parksiedlung. Die Zuordnung des Grundstücks erfolgt zur Hauptstraße 61, östlich der Kirche gelegen. Auch bei Buchholz fanden sich bei Ausgrabungen Besiedlungsspuren der sogenannten Lausitzer Kultur aus der jüngeren Bronzezeit. Ein archäologisches Team legte sauber und akribisch die Hinterlassenschaften frei, nachdem bei einer Begehung im Zusammenhang mit zu erwartenden Neubauten kleinere Keramikreste gefunden worden waren. Das war 1995. Drei Jahre später entstand die Wohnsiedlung, die in ihrer Bezeichnung den alten Namen Französisch-Buchholz wieder aufleben läßt. Eine besondere Würdigung erhielten die ehemals durchnumerierten Straßen, indem sie 1996 nach Familien benannt wurden, die früher in Buchholz lebten: Arnoux, Aubert, Chantié, Cuni, Guyot, Henrion, Matthieu, Mazet, Noé, Petit oder Tiriot. Allein es mangelt an der richtigen Aussprache. Von den Guyots und Matthieus gibt es im alten Ort noch immer Nachfahren.

Buch

Zwei Meilen nördlich von Berlin liegt das Dorf Buch, reich an Landschaftsbildern aller Art, aber noch reicher an historischen Erinnerungen. ... Gleich der Eintritt ins Dorf ist malerisch. Eine Feldsteinbrücke wölbt sich über ein Wässerchen, das schäumend einen Bergabhang herniederkommt, die Häuser steigen in leiser Schlängellinie bergan, und nach links hin, als woll er das Dorf in seinen Arm nehmen, zieht sich, waldartig, ein ausgedehnter Park. Anders nach rechts hin, wo sich Wiesen und Felder dehnen, deren Stille nur von Zeit zu Zeit das Rasseln eines vorüberfahrenden Eisenbahnzuges unterbricht.[24]

In einem seiner frühen märkischen Feuilletons von 1860 übermittelt uns Fontane dieses Bild, das am Ausgang des 20. Jahrhunderts nicht mehr nachzuvollziehen ist, denn knapp 100 Jahre nach der Beschreibung fielen viele alte Häuser des Dorfkernes dem Abriß zum Opfer, um den Neubauten der späten 60er-Jahre-Planungen zu weichen. Wie zitiert Fontane eingangs seines Berichts den Kollegen Storm: *Was sonst in Ehren stünde, Nun ist es worden Sünde ...* Die S-Bahnzüge übernehmen heute *das Rasseln eines vorüberfahrenden Eisenbahnzuges,* mit dem *Wässerchen* ist die Panke gemeint, die durch den *ausgedehnten Park,* sprich Schloßpark, fließt. Der Schloßbezirk, das Gut und das Dorf lagen etwas erhöht, wodurch eine Bedrohung durch Pankehochwasser ausgeschlossen werden konnte. So wie der Berliner Schloßplatz kein Schloß mehr trägt, steht auch in der hiesigen Anlage kein entsprechender Bau mehr. Der Abriß erfolgte 1964. Stehengeblieben ist trotz Weltkriegseinwirkung an der Straße Alt-Buch 37 die Schloßkirche, die zu Beginn der 50er Jahre bei der Wiederherstellung ihren Turm nicht mehr bekam. Dadurch fehlt fast das Doppelte an Höhe, wer dies weiß, dem fehlt bei der Betrachtung der markante Kirchturm erst recht. Fontane skizzierte übrigens etwas unbeholfen eine Ansicht des Zentralbaus, der auf dem Grundriß eines griechischen Kreuzes steht, welches im Unterschied zum lateinischen vier gleichlange Arme aufweist. Im Sakralraum vermag in einer Rundbogennische ein Epitaph aus der Rokokozeit die Blicke auf sich zu ziehen. Der im vollplastischen Halbporträt Gezeigte ist der Käufer des Bucher Gutes von 1724, Adam Otto von Viereck, der als Kultusminister zu Zeiten Friedrich Wilhelm I. in preußischen Diensten stand. Er beauftragte mit dem Sakralbau nach Abriß der mittelalterlichen Dorfkirche keinen geringeren als Friedrich Wilhelm Diterichs, der zuvor das Prinzessinenpalais (das Operncafé Unter den Linden) und danach das Ephraim-Palais in Berlin zu seinen Werken zählte. Umgeben ist der Bucher Barockbau von einem Friedhof, an dessen Begrenzungs-

Schloß Buch nach seinem Umbau im späten 19. Jahrhundert

mauer die Familiengrabstätte Voß mit ihrem Wappen liegt, denen das Gut bis zum Verkauf 1898 gehörte. Die Familie Voß kaufte zu Beginn des 19. Jahrhunderts diverse Gehöfte, die an den älteren, durch Regelmäßigkeit ausgezeichneten Garten grenzten, und gestaltete diesen Parkteil mit den Neuerwerbungen zu einem zeittypischen Landschaftsgarten, der heute noch erfreut und in dem der natürliche Lauf der Panke nicht stört. Die Orangerie, im Krieg kaum beschädigt, verfiel und wurde 1955 gänzlich abgerissen, wie der Schwammbefall zur Räumung des Schlosses und zu dessen Abriß führte. Das Treppengeländer wurde gerettet und ins Prinzessinenpalais transloziert.

Wer rechterhand der Kirche von der Straße Alt-Buch durch das Parkportal schreitet und auf dem in gerader Verlängerung befindlichen Plateau innehält, hat den ehemaligen Standort erreicht. Nur noch der östlich davon angelegte Gutshof ist vorhanden, der nach dem Besitzerwechsel zunächst als Stadtgut von Berlin bewirtschaftet, 1947 in ein Volkseigenes Gut (VEG) umgewandelt wurde. 1981 beschloß der Ost-Berliner Magistrat, den nun schon ehemaligen Gutshof dem neugegründeten „Büro für architekturbezogene Kunst" zuzusprechen. Ohne Auflage ging das nicht, es sollten Ateliers und Werkstätten für Berliner Künstler aufgebaut und eingerichtet werden. Nach der Auflösung des „Büros für architekturbezogenen Kunst" betreute die Senatsverwaltung für Kultur seit 1990 den Komplex, ohne der drohende Schließung des

Verfallen und schließlich abgerissen: die Orangerie Buch 1956

Künstlerhofes mit Vehemenz entgegenzutreten, die durch die Übernahme in die Trägerschaft der Akademie der Künste am 1. Januar 1995 verhindert werden konnte. Die Auflage diesmal: den Kulturstandort, den 30.000 Quatdratmeter Grundfläche umfassenden Künstlerhof Buch – geprägt durch das alte Gutshaus, das Gesindehaus und Speichergebäude, Scheune, Schmiede und Stellmacherei sowie den Taubenturm am Eingang – mit Galerie, diversen Ateliers, Metall- und Holzwerkstatt und der Gaststätte „KunstPause" zu erhalten und auszubauen, was mit einem Photoatelier und einer Medienwerkstatt angestrebt wird.

Der Straßenzug Alt-Buch bestimmt nur noch vom Namen her den Kern des Straßendorfes näher. Buch ist wie Blankenfelde ein Beispiel für einen Anger ohne mittigen Kirchbau und andere Kommunalgebäude. Den ältesten Bau von 1823 betraten Fontane und sein Reisebegleiter, und ersterer schildert: *Unbestimmte Vorstellungen von einem „Hier ist es gut sein" erfüllen unser Herz; aber alle Zimmer im Hause sind bereits vergeben (eine Hochzeit ist im Dorfe).*[25] Gemeint ist der eingeschossige Schloß-Krug mit Ausspanne an der Ecke zur Karower Straße 1, der immer noch Gasthaus ist, wenn auch heute ohne Übernachtungsmöglichkeiten. Die 1886 gebaute Dorfschule in Alt-Buch 38 steht auf der anderen Straßenseite, daneben das Gemeindehaus vom Beginn unseres Jahrhunderts in Nr. 36. Das war's? Nein, der Ort ist durch ausgedehnte medizinische Komplexe geprägt. Davon später.

Niederschönhausen

Der alte Kern des Dorfes besteht aus einer Straßenkreuzung und einem Parkplatz, an dessen Nordseite die Kirche liegt. Die steht im Unterschied zu der in Buch auf einem lateinischen Kreuz, bei dem ein kurzer einen langen Arm kreuzt. Genau über diesem Schnittpunkt erhebt sich ein mächtiger Vierungsturm. Zu den spätromanischen Formen, die hier beim Bau von 1869-71 verwendet wurden, gehört auch am östlichen Ende eine Apsis, ein gerundeter Sanktuariumsabschluß. Nach dem Ende der Kriege, die zur Reichsgründung von 1871 führten, erhielt sie den Namen Friedenskirche. So hieß auch der Platz, bevor er den Namen des Friedensnobelpreisträgers Ossietzky bekam. Eine alte Eiche erinnert noch an den zentralen Punkt des Dorfkerns. Im Landbuch Kaiser Karls IV. heißt es: *Nydderen Schonhusen sunt 48 mansi.*[26] 48 Hufen sind im 13. Jahrhundert für ein Dorf guter Durchschnitt. *Wentzschenbuk sunt 40 mansi.* Buch besaß also nur 40. Der alte Dorfplatz hat zwar eine gewisse Atmosphäre, vermittelt aber wenig Dörfliches. An der Westseite steht an einem Ziegelsteinbau ein alter Schriftzug: Concert-Garten, und wo der war, kann an der Brandmauer des Nachbargrundstückes nachempfunden werden – ein letzter Hinweis auf das auch hier längst untergegangene Vergnügen. Nördlich des Dorfkerns lag, an der Ostseite der Dietzgenstraße, bis in die 90er Jahre eine winzige alte Schmiede, die wegen Baufälligkeit abgerissen werden mußte. Nur noch ein Drittel der ursprünglichen Bebauung steht an der Dietzgenstraße 42 vom Anwesen des Bankiers Wilhelm Brose, der auf seinem 1818 erworbenen Grundbesitz ein von der Straße zurückgesetztes „Herrenhaus" erbauen ließ. Rechts und links wurde es von zwei mit dem Hauptbau einen kleinen Ehrenhof bildenden Nebengebäuden flankiert, vom dem nur noch das südliche ehemalige Gärtnerhaus existiert. Der dahinterliegende Garten, besser gesagt Park, konnte nach dem Ersten Weltkrieg nicht nur für die Bevölkerung geöffnet, sondern auch vom Verwaltungsbezirk erworben werden, mit der Auflage, ihn „Brosepark" zu nennen. Die Gruft des Bankiers Brose befindet sich auf dem Alten Friedhof der St.-Nikolai- und St.-Marien-Gemeinde in Mitte und ist eine Besichtigung wert: ein neugotischer Kapellenbau mit Portal, dazu seitlich in Nischen eingestellte Engelfiguren.

Vom Gebäudetyp her beeindruckender ist das sogenannte Holländerhaus auf der Westseite der Straße. Ein anderer Bankier war schon vor Brose liquide, ein Bauerngrundstück für seinen Sommersitz zu erwerben. 1802 begann Bankier Fetschow, *für den Sommer Luft und Grün* in

Holländerhaus an der Dietzgenstraße

Kauf zu nehmen. Das auf dem Grundstück Dietzgenstraße 51-53 stehende, um 1850 gebaute und aufgestockte Gebäude erhielt an der Nordseite einen reich verzierten hölzernen Balkon, der mit seinem gotischen Zierrat bis unter die Übergiebelung des Daches reicht. Nach diesen frühen Beispielen der Inbesitznahme Niederschönhausens durch wohlhabende Berliner sei der Blick auf einige Vorstadtvillen gelenkt, die in dichter Reihung an der Westseite der Grabbeallee zu finden sind: in Nr. 35 und 39, jeweils um 1870 erbaut, oder in Nr. 67 (um 1885). Einige ansehnliche um 1900 gebaute Mietshäuser stehen an der Dietzgenstraße 43/45 sowie 12, an der Hermann-Hesse Straße/Ecke Waldstraße mit dem alten Restaurant Bismarck, an der Treskow-/Ecke Waldstraße oder am Pastor-Niemöller-Platz.

Das bekannteste Bauwerk in Niederschönhausen ist das Schloß Schönhausen, dessen Vorgängerbau zum Besitz des Kurfürsten Friedrich III. gehörte, der hier auf dem Weg von Königsberg (und der dort von ihm selbst vorgenommenen Krönung zum König in Preußen) zurück nach Berlin Station gemacht hat, um nach langer Reise weniger gestreßt in der Residenzstadt anzukommen und den triumphalen Empfang zu genießen. In die heutige Form ließ den Bau Friedrich II. bringen, weniger aus Liebe, sondern weil es der Sommersitz von Königin Elisabeth Christine war, seiner Gemahlin. Staatsgäste hatten der Gattin des

45

Preußenkönigs selbstverständlich ihre Aufwartung zu machen. Sie kamen aus Berlin, nicht wie der gemeine Mann über die Mühlenstraße und Grabbeallee, sondern über die Berliner Straße und Ossietzkystraße, die früher Schloßstraße hieß. So fuhr diesen Weg sicher auch am 20. Mai 1778 der zuvor in Berlin den Künstler Chodowiecki besuchende Johann Wolfgang von Goethe. In sein Tagebuch schrieb er wenig detailliert: *Von Berlin um 10 über Schönhausen auf Tegeln. Mittagessen.* Bekam er die Königin zu Gesicht, durchstreifte er den Schloßpark? Wir wissen es nicht. Keine klitzekleine Gedenktafel wie anderenorts, daß der Geheimrat hiergewesen ist.

Kolonie Schönholz

Was ist der Posten eines Gemeindevorstehers gegen den eines Amtsvorstehers, und dieser wiederum gegen den eines Bürgermeisters oder sogar eines Landrats? Wenig. Und was bitteschön daneben der eines Ortsvorstehers? Noch viel weniger. In solche Funktionen werden die Ortsansässigen gesteckt, soweit sie dazu befähigt scheinen. Eigentlich kann sich jeder nur davor hüten. Was mag der Grund gewesen sein, daß Herr Schroeder am 29. März 1854 sich hat vereidigen lassen? Er wohnte in der „Colonie Schönholz" und war fortan ihr Ortsvorsteher. Im Verlaufe der Jahre häuften sich die Beschwerden: Er hätte nicht vorschriftsmäßig gehandelt, als er Roggenkörner steuerfrei vermahlen ließ. Das „Königliche Domainen-Polizei-Amt Mühlenhof" beklagte sich 1863 bitter darüber, daß keiner der Schulzen und Ortsvorsteher des Amtsbezirkes so saumselig sei, gerade auch als Steuererheber. Auch das An- und Abmelden von Personen in Schönholz sei schlampig, da eine Beschwerde vom Landpolizei-Revier in Pankow vorläge. Nun wurde zwecks Übernahme des Postens mit dem Schulzen Simon aus Pankow verhandelt. Schroeder war plötzlich bereit, das Amt zum 1. Oktober niederzulegen, und schlug zwei Nachfolger vor: *die Colonisten Carl Hennig und Carl Hintze in Schönholz.* Ersterer lehnte ab, weil er genötigt sei, auf Tagearbeit zu gehen, welche sich mit der Funktion eines Ortsschulzen schwer vertrage. Der Zweite erschien erst gar nicht, um sich zu erklären. Das Mühlenamt erläuterte dem Landrat daraufhin, daß diese beiden in keiner Weise geeignet wären und daß es eigentlich keine Persönlichkeit in Schönholz gebe, welche das Amt zu verwalten in der Lage wäre. Dafür aber Herr Ortsvorsteher Simon in Pankow. Doch die „Colonisten" aus Schönholz lehnen einen Auswärtigen ab. Pankow als Nachbarort lag südöstlich eine Viertelstunde Fußmarsch entfernt. Das Domänenamt äußerte nun, daß außer dem Colonisten Bodamer keine Persönlichkeit da sei, das Amt auch nur notdürftig zu versehen. Bodamer hatte zwei Makel: Er war in Berlin wohnhaft und Mitglied der Fortschrittspartei ... Was geht hier vor? Was ist das eigentlich für ein Flecken im Landkreis Niederbarnim?

Die Colonie Schönholz wurde im Jahre 1750 zur Bestellung der dortigen, Ihrer Majestät der Höchstseligen Königin Elisabeth gehörigen, später an den Polizei-Commissarius Obermann veräußerten Maulbeerbaum-Plantage angelegt, indem die Colonisten, deren Zahl allmählig auf 12 gebracht wurde, verpflichtet waren, für die erhaltene Wohnung und 1 Morgen Ackerland wöchentlich 1 Tag Mannsdienste auf dieser Plantage zu leisten. Durch das Rescript der Kurmärkischen Kriegs- und Domainen-Kammer vom 28. November 1774 ist indeß diese Naturaldienstpflicht aufgehoben und dafür jedem Colonisten ein jährlicher Grundzins von 2 Thalern auferlegt worden.

Der Commissarius Obermann erwarb käuflich zu dem Complexe der Plantagelaendereien, deren ursprüngliche Ausmaße nicht mit Bestimmtheit angegeben werden kann, etwa gegen das Jahr 1804, noch 2 Colonistenstellen, welche mit der Plantage das sogenannte Gut Schönholz bilden. Dieses Gut steht mit der Colonie selbst und deren Insassen in keinerlei gutsherrlichem Verhältnissen und sind vielmehr beide völlig coordinirt. (...) Ueberall ist von den Colonisten, niemals aber von einer Gemeinde Schönholz die Rede ... wofür auch der Umstand spricht, daß alle öffentlichen Bauten in Schönholz wie Brunnen ec., vom Fiscus und nicht von den Colonisten ausgeführt worden, der Fiscus auch die Kosten des Baus und der Reparaturen des Schulhauses stets allein getragen hat ... Der Domainen Rentmeister 25. Januar 1865.[27] So die Zusammenfassung in der Beamtensprache jener Zeit.

Die Kolonie Schönholz bildete mit dem Schloßbezirk einen eigenen Gutsbezirk Niederschönhausen. Daneben bestand die Gemeinde Niederschönhausen selbständig. 1890 wies der Gutsbezirk Niederschönhausen 259 Seelen auf, wovon 26 zum Schloßbezirk zählten. Von Schönholz geblieben ist nur die gleichnamige Heide und die Erinnerung an verschiedenste Vergnügungen.

Nordend

Das „Tableau der Amtsbezirke des Kreises Niederbarnim" registrierte zu Beginn der 1870er Jahre als XXV. Amtsbezirk Pankow, als XXVI. Amtsbezirk Niederschönhausen. *Der Amtsbezirk wird durch die Panke vom*

Amtsbezirk XXV. geschieden. Wie Pankow, welcher Ort diesen letzten Bezirk bildet, ist auch Niederschönhausen seit langer Zeit ein gesuchter Sommersitz der wohlhabenden Berliner Einwohner. Die Häuser von Niederschönhausen ziehen sich fast bis zur Grenze mit Rosenthal. An dieser Grenze und zwar auf Terrain theils von Niederschönhausen theils von Rosenthal entsteht gegenwärtig eine Villen-Colonie. Diese Gründung, der sonstige innige Zusammenhang und der Umstand, daß die Feldmark Niederschönhausen gegen Norden in ihrer ganzen Ausdehnung mit der von Rosenthal grenzt, haben zur Vereinigung zu einem Amtsbezirke geführt.[28] Die Vereinigung der kleineren Einheiten kam also durch die Kolonie „Nordend" zustande. „Westend", eine 1866 mit Hilfe einer Aktiengenossenschaft gegründete Villenkolonie, erhob Einfamilienhäuser nach englischem Vorbild zum Bebauungsziel. Oben im Norden Berlins durfte es eine Landhaussiedlung sein, die nach 1871 peu à peu entstand. Sie stellte das Bindeglied im Amtsbezirk dar zwischen dem Gemeinde- und Gutsbezirk Niederschönhausen mit der Kolonie Schönholz einerseits und dem Gemeinde- und Gutsbezirk Rosenthal andererseits. Dort liegt „Nordend" weiterhin, der abgeschlossene Villen-Charakter allerdings tritt heute durch spätere Bebauung nicht mehr eindeutig in Erscheinung. In der Ahornallee 9 steht noch ein typischer zweigeschossiger Putzbau im italienischen Landhausstil, der einen Turm an die Seite gestellt bekam, durch überstehende Dächer geprägt ist sowie übergiebelte Veranden mit Balkonen aufweist. Diese Vorstadtvilla von etwa 1875 und eine ähnliche, strenger klassizistische aus gleicher Zeit in der Schönhauser Straße 42 verweisen noch auf die ehemalige Landhaussiedlung.

Im Berliner Nahverkehr ist „Nordend" durch die Endhaltestelle der Straßenbahnlinie 52 bekannt. An der Blankenfelder Straße/Ecke Schillerstraße entfaltet sich der ausgedehnte Komplex des Straßenbahn-Betriebshofes. Der ältere, im Jahre 1900 begonnene Teil der langstreckten Wagenhalle imponiert durch seine 19 rundbogigen Einfahrtstore, an die sich rechts sieben rechteckige durch einen 1924 angefügten Erweiterungsbau anschließen. Der Architekt Jean Krämer zitierte bei dieser Halle die berühmte AEG-Turbinenfabrik von Peter Behrens in der Moabiter Huttenstraße aus dem Jahre 1909. Ein ausgedehnter Vorplatz nimmt die Gleise zur Verteilung der Straßenbahn in die Einfahrten auf; an ihm steht ein heute nur noch dreigeschossiges Verwaltungsgebäude. Hinter dem Wagenhallenkomplex entstand Ende der 20er Jahre eine beeindruckende Straßenbahnersiedlung, von der Schillerstraße aus mit einer zweigeschossigen Wohnzeile beginnend, sich fortsetzend mit dreigeschossigen Klinkerverblendbauten, dazwischen Grünflächen. Zu

DDR-Zeiten kamen nördlich des Betriebshofes ein Kulturhaus und ein Kindergarten dazu. Diese Gesamtanlage stellt den bedeutendsten historischen Komplex in „Nordend" dar, hat aber mit der Landhaussiedlung nur soviel zu tun, als diese eine Straßenbahnanbindung bekam. Interessanter ist der Zusammenhang mit den oberhalb des Straßenbahnkomplexes an der Blankenfelder Straße gelegenen sogenannten Nordend-Friedhöfen. Die Berliner Zionskirch-, Gethsemane- sowie Himmelfahrts- und Friedenskirchgemeinde kauften große Areale, die es im Umfeld ihrer Kirchen auch auf Grund der ausufernden Bebauung nicht mehr gab und die mit der Elektrischen gut zu erreichen waren. Berlin sollte bald die 2-Millionen-Grenze überschreiten. In der Nachbarschaft der Vororte konnten die angekauften Flächen die wachsende Zahl Toter aus Berlin aufnehmen.

Wilhelmsruh

Hermann Günther war Besitzer der „Bäckerei, Colonial- und Posamentierwaarenhandlung Reinickendorf". Er wohnte, wie in jenen Tagen üblich, direkt beim Geschäft, in der Provinzstraße 19. Am 28. April 1892 betrat der Bäckermeister das Amtsbüro des Amtsvorstehers Gottschalk in Schildow, formulierte sein Anliegen auch schriftlich: *Ich habe in Rosenthal an dem Wege nach Reinickendorf an der Grenze an Reinickendorf und an der Königl. Forst von Herr Bauergutsbesitzer August Seeger und von dem Bauergutsbesitzer Herrn Horning und Sohn Land gekauft und beabsichtige, wie eingereichter Sittuations-Plan bezeichnet Straßen anzulegen, und die Entwässerungsanlage nach dem Straßengraben an der Straße von Reinickendorf nach Rosenthal, welcher in den auf der Landkarte bezeichneten Graben einmündet anzulegen.*[29] Damit nicht genug, die Straßen sollten zur Erschließung einer zukünftigen Siedlung dienen. Günther wollte die gekauften, jeweils 1 1/2 Kilometer von Rosenthal und Reinickendorf entfernt liegenden Parzellen für eine Bebauung vorbereiten, wozu es einer Genehmigung von Amts wegen bedurfte. Bisher standen vis-à-vis der Parzellen seit längeren Jahren nur zwei von Menschen bewohnte Häuser. Es war Gründerzeit im Norden von Berlin, die Bebauung der ländlichen Gegend nahm zu, und Bäcker Günther trat als Projektentwickler auf. Doch so schnell war die Sache nicht gebacken, denn es wurden Bedingungen gestellt. Die Ableitung des Regenwassers brauchte neben einem ordentlichen Graben auch einen Vorfluter. Noch dazu sollte Günther der Gemeinde Rosenthal zur Erbauung eines Schulhauses und der Anlage eines Turnplatzes einen *an geeigneter Stelle belegenen* Morgen Land unentgeltlich übergeben und als Gemeindeland auflassen. Damit auch für das Schulhaus Geld zusammenkam, sollten die Parzellenbesitzer bis 1/2 Morgen einmalig 60 Mark, bei größeren Flächen mehr bezahlen. Zur Anlage eines Friedhofs, der den sanitärpolizeilichen Vorschriften entsprach, forderte die Gemeinde die kostenfreie Hergabe und Auflassung eines Terrains von 3 Morgen, das eine gepflasterte Zugangsstraße bekommen sollte. Und bebaut werden durfte das Terrain mit höchstens zweistöckigen Vorderhäusern und nicht mit sogenannten Mietskasernen nach Berliner Vorbild. Wenn eine Verstädterung des Landes schon nicht verhindert werden konnte, dann doch wenigstens dieser Wohntyp.

Der Gemeindevorsteher fragte beim Kreis-Ausschuß Niederbarnim an, ob solche Bedingungen überhaupt zulässig wären. Günther wehrte sich, er hätte die Parzellen schon weiterverkauft, weshalb auch die Sache mit dem Friedhof hinfällig wäre. Durch Geldzahlungen hakten die Parteien zuvor nicht gelöste Punkte ab. Blieb das leidige Problem der Entwässerung. Der Bäckermeister mußte gezwungenermaßen, was auch mit einem Vergleich zwischen ihm und den beiden Bauerngutsbesitzern zusammenhing, das Projekt aus eigenen Mitteln bestreiten. Am 28. August 1893 erklärte sich die Gemeinde Rosenthal mit der Gründung der Colonie einverstanden, da alle strittigen Punkte erfüllt waren. Nur die Deputation für die Verwaltung der Kanalisationswerke in der Berliner Klosterstraße mäkelte noch. Bei weiterer Bebauung könnten leicht Zustände wie in Neu-Weißensee entstehen, wo keine Scheidung der Tages- von den Schmutz- und Industriewässern erfolgte. Die Gemeindeverwaltung Weißensee hatte es als wichtiger angesehen, zunächst einmal überhaupt eine Entwässerungsanlage zu besitzen.

Im Oktober 1892 bat Günther, ihm die Benennung der „Colonie Wilhelmsruh" sowie der fünf angelegten Straßen zu genehmigen; auch der Gemeindevorsteher Carl Nieder erfuhr Berücksichtigung namens einer Niederstraße. Eine Güntherstraße ist in Wilhelmsruh nicht bekannt, die in Karlshorst bezieht sich auf den Bauunternehmer Adolf Günther, einem der wichtigsten Sponsoren für die Bebauung des Lichtenberger Ortsteils. Andere Stadtteile, andere Sitten. Oder vielleicht doch nicht, denn was war ein Bäckermeister Günther schon gegen einen Rechtsanwalt und Unternehmer Adolf Günther.

Wilhelmsruh zieht sich entlang der Hauptstraße, in gerader Verlängerung nach Rosenthal, besser von Rosenthal, weil die Kolonie daran anschloß. Ihr fehlt ein Zentrum, das Zentrum ist die Straße. Da sowohl das Dorf Rosenthal als auch die Kolonie Wilhelmsruh heute an der Haupt-

Straßenbahn auf der Hauptstraße in Wilhelmsruh, um 1915

straße liegen und die Numerierung der Häuser fortlaufend ist, sieht es eher danach aus, als sei einfach in der Verlängerung des Dorfangers von Rosenthal nach Südwesten weitergebaut worden. Es gibt einen fließenden Übergang nach Wilhelmsruh. Die 1905-1907 in Formen der Backsteingotik erbaute Lutherkirche bildet mit dem Gemeindehaus ein sehr wirkungsvolles Ensemble, sie steht nicht an der Hauptstraße, sondern an der Goethe-/Ecke Hielscherstraße. Gegenüber liegt eines der markantesten Wohnhäuser des Ortes, ein Anfang des 20. Jahrhunderts gebautes zweigeschossiges Eckhaus mit Jugendstileinflüssen, das auf winkelförmigem Grundriß zur Straßenecke einen Mittelbau mit Turmaufsatz besitzt.

Kaum waren die ersten Straßen einigermaßen bebaut, kauften im Jahre 1906 nordwestlich von Wilhelmsruh die Bergmann-Elektrizitätswerke ein großes Grundstück zwecks Werkverlagerung. Der Ort ist dadurch zunächst nicht wesentlich gewachsen, d.h. er bekam keine ausgedehnte Werkssiedlung, wie sie anderswo errichtet wurden. Der Fortbestand des Werkes führte zu DDR-Zeiten in Wilhelmsruh zum Bau etlicher mehrgeschossiger Neubauten.

Pankow mausert sich

Wohlhabendes Pankow? – Das Beispiel Bürgerpark

Anfang Mai 1907 setzt der Pankower Bürgermeister Wilhelm Kuhr ein Schreiben an den Königlichen Landrat des Kreises Niederbarnim auf. Die Post geht nach Berlin, zum Friedrich-Karl-Ufer 5, der Präsenz des Landkreises in der Reichshauptstadt. *Euer Hochwohlgeboren bitte ich gehorsamst, mir zum Zwecke der Erhohlung einen Urlaub für die Zeit vom 22. Mai bis 2. Juli 1907 hochgeneigtest zu gewähren. Ich werde den Urlaub in Salzbergthal bei Wernigerode zubringen.*[30] Reiseziel Deutschland: Die wenigen, die sich Urlaub leisten konnten, blieben zumeist im Lande. Der Dienst war nicht der von heute, Arbeitsüberlastung dennoch kein Fremdwort, auch oder gerade Leute wie Kuhr hatten Ausspannen nötig. Das Dienstjahr streckte sich. Der Urlaub sich übrigens auch, der Gemeindevorsteher kehrte erst am 7. Juli zurück und zeigte dem „Hochwohlgeborenen Landrat" einen Tag später an, daß er seine *Amtsgeschäfte heute wieder aufgenommen habe.*[30] Wichtige Entscheidungen zum neu erworbenen „Bürgerpark" standen an. Die Gemeindevertretung faßte am 23. Juli den Beschluß, *das von den Killisch von Horn'schen Erben erworbene Gelände mit Ausnahme einiger an der Westseite abzuzweigenden Baustellen in der Größe von 0,5538 ha als Park zu erhalten.* An der neu projektierten Bahnhofstraße (Am Bürgerpark) hält die Gemeinde mit Rücksicht auf die Parkgärtnerei eine Bebauung für wünschenswert, um die Anlage hier „dicht zu machen". Dies entwickelte sich zu einem Problem.

Das Gelände des verstorbenen Baron Killisch von Horn mit großem Park und Herrenhaus westlich des alten Dorfkerns war durchaus begehrt. Die Erben wollten es an künftige Bauherren verkaufen, die Gemeinde engagierte sich für die öffentliche Parkanlage. Es war ihre einzige Chance, einen Park zu bekommen, denn Pankow war und ist flächenmäßig nicht sonderlich groß. Eineinhalb Millionen Mark wurden als Kaufpreis akzeptiert, ein Preis der oft dazu diente, die finanzielle Wohlhabenheit des Ortes ins Feld zu führen. Dabei feilschte die Gemeindevertretung um jede Mark. Am 30. April 1907 erfolgte eine Eingabe durch die Pankower Gemeinde, dann hieß es geduldigst warten. Die Antwort kam fast ein Jahr später und besagte, daß *nach dem Erlaß des Herrn Ministers des Inneren vom 21. April 1908 Nr. IV b. 4579 aber die Absicht besteht, den gnadenweisen Erlaß der Hälfte des Stem-*

pelbetrages von 7.250 M und der Eintragungsgebühr von 900 M an Allerhöchster Stelle zu befürworten, wenn sich die Gemeinde verpflichtet, das von ihr erworbene Grundstück etwa während der nächsten 20 Jahre in seinem vollen Umfange als Park zu erhalten ...[31] *...* in seinem vollen Umfange! Es ging um nur 0,5538 Hektar. Neue Schriftstücke wurden aufgesetzt und hochrangige Vermittler eingeschaltet. Der Königliche Landrat a.D. Sigismund von Treskow, nach dem im Ortsteil Niederschönhausen eine Straße benannt wurde, *erklärt sich bereit, das Original mit persönlicher Bemerkung zur Förderung der Angelegenheit dem Herrn Minister der Justiz zuzustellen.*[31]

Am 10. September 1908 erging die Nachricht, *daß bei einzelnen Gemeinden der Erlaß des ganzen Steuerbetrages im Gnadenwege erfolgt ist, wenn nachgewiesen wurde, daß die Gemeinde ganz besonders hoch belastet und gleichwohl im Interesse ihrer ärmeren Bevölkerung den Ankauf eines Volksparkes beschlossen hatte. Diesem Umstande dürfte die Gemeinde z.Zt. voll und ganz entsprechen. (...) Auch die übrigen öffentlichen Einrichtungen, welche teils in den letzten Jahren entstanden sind, z.B. ein Krankenhaus mit einem Kostenaufwand von nahezu 1 1/4 Millionen M, Schulbauten, Entwässerungsanlagen, Ankauf eines Rieselfeldes, teils im Entstehen begriffen sind, wie ein neues Wasserwerk, Neubau von Schulen im Betrage von beinahe 2 Millionen M, haben die Spannkraft der Gemeinde so stark in Anspruch genommen, daß es ihr schon im letzten Jahre nur durch eine enorme Erhöhung der von dem Grundbesitz zu tragenden Steuern und Lasten möglich war, den Anforderungen gerecht zu werden ... Die Schuldenlast Pankows beträgt z.Zt. rd. 14 1/2 Millionen M und erfordert an Zinsen und Tilgungsbeträgen im Rechnungsjahre 1908 rd. 800.000 M; eine weitere Erhöhung dieser Lasten um rund 5 Millionen M bringt durch die oben erwähnten Projekte das kommende Jahr. Eine weitere Steuererhöhung wird dann unausbleiblich sein. Mit Rücksicht darauf, daß der Bürgerpark nicht unwesentlich auf eine lange Reihe von Jahren die ohnehin schweren Lasten der Gemeinde erhöht und ferner mit Rücksicht darauf, daß die Gemeinde diese Lasten in erster Linie im Interesse der ärmeren Bevölkerung auf sich genommen hat, bitte Euer Excellenz ich ehrerbietigst, im Einvernehmen mit den Herren Minister des Inneren und der Finanzen hochgeneigtest dafür eintreten zu wollen, daß die ganze Stempelsteuer im Betrage von 14.500 M und die Eintragungsgebühr von 900 M der Gemeinde im Gnadenwege erlassen wird. i.V. gez. Stawitz.*[31]

So also war es um Pankow bestellt. Die Gemeinde hatte in den letzten Jahren immens in die Infrastruktur investiert, auch das nicht mit aufgezählte Rathaus und das Gerichtsgebäude in der Kissingenstraße kosteten ihren Preis. Die große Schulanlage an der Görschstraße war noch nicht errichtet, weitere Projekte ins Auge gefaßt. Gebaut hat man auf den abgezweigten 0,5538 Hektar übrigens nicht. Am 25. August 1907 wurde der Pankower Bürgerpark eröffnet.

Ein beeindruckender Empfang erfolgt vom Osten her, nachdem der Bereich des Dorfangers über die Wilhelm-Kuhr-Straße verlassen ist. Rechts liegt ein aufgelassener Friedhof – der erste Gemeindefriedhof von Pankow, nachdem die Belegung um die Dorfkirche 1841 endete. Ein einziges Mausoleum, von dunklem Taxusgrün verdeckt, steht am südwestlichen Rand, dessen Inschrift verrät: Killisch von Horn. Noch bevor überhaupt an einen Baron Killisch von Horn zu denken war, zählte der Theodor Hermann Karl Julius zur Familie des Kanzleirates Killisch aus Bromberg. Sein Adelspatent Baron von Horn erwarb er in San Marino. Killisch von Horn engagierte sich im Berliner Blätterwald, und zwar nicht mit einer Gazette über die Adelswelt. Auf Anregung Otto von Bismarcks erschien seit dem 1. Juli 1855 die von Hermann Killisch von Horn gegründete „Börsen-Zeitung", anfänglich dreimal wöchentlich. Da sie an Umfang zunahm und alsbald ihre ursprüngliche Bedeutung als reine Handelszeitung abstreifte, war das Blatt 1872 schon zweimal täglich zu bekommen. Zunächst behauptete die Beilage „Berliner Börsen-Courier" in diesem maßgeblich handelspolitischen Blatt ihr Dasein, machte sich aber übrigens schon 1868 selbständig.

Noch bevor die erste Nummer erschien, hatte Baron von Horn die alte Mühle Pankow erworben. Der alte Besitzer, der Papierhändler und

Restauration im Bürgerpark, rechts der noch erhaltene Pavillon

Buchbinder Karl Kühne, hatte es nach der Zerstörung der Papiermühle durch ein Hochwasser im Jahre 1839 nicht vermocht, den Standort zu halten. Er verkaufte für 20.000 Taler an den Baron. Auf diesem Gelände an der Panke, westlich vom Dorf Pankow, legte nun seit 1854 im Auftrag des neuen Besitzers Wilhelm Perring einen Park an – den späteren Bürgerpark. Der Eingang ist als römischer Triumphbogen gestaltet, das Kastellanshaus, rechterhand vorgesetzt, stammt aus derselben Zeit, den 1860er Jahren.

Ansonsten ist nichts geblieben außer einem Pavillon, dem Wirtschaftsteil – und der Größe der Anlage. Geblieben ist auch die Nutzung der stark veränderten Anlage als Bürgerpark. Ein fester Bestandteil seit jeher ist die Restauration Bürgerpark, die auf das Herrenhaus des Baron ausgedehnt wurde. Erstere stand links, zweiteres rechts vom 1991 restaurierten Pavillon im Rosengarten. Da der historische Musik-Pavillon nicht mehr existiert, wird nun in den Sommermonaten der wiederhergestellte, wenn auch nicht für diese Zwecke errichtete neue genutzt. Den Abriß des teils im Weltkrieg beschädigten Herrenhauses, das rechts davon stand, konnte im April 1961 wohl offensichtlich niemand verhindern. Auch die Restauration Bürgerpark verschwand. Der im Vergleich eher spärliche 60er-Jahre-Ersatz auf der gegenüberliegenden Seite ist später mit den achteckigen Pavillons komplettiert worden. Auf dem zugeschütteten Teich weiden jetzt Bergziegen. In der Nachbarschaft steht ein einfacher Bau, der – auf der Höhe der Zeit – über und über besprayt ist. Davor eine Büste mit dem Abbild Heinrich Manns, der mit dem Amt eines Präsidenten der Deutschen Akademie der Künste aus Amerika nach Ostdeutschland gelockt werden sollte, aber 1950 im Moment des Aufbruchs verstarb. Er leitete nach ihrer Gründung 1926 die Sektion Dichtkunst der alten Akademie. In der Nähe des Bürgerparks erinnern seit 1951 gleichnamige Straße und Platz an den bedeutenden Literaten. Das Denkmal des locker dahinschreitenden Johannes R. Becher schuf der in Pankow lebende und arbeitende Fritz Cremer. Gedacht für eine Aufstellung gegenüber dem ehemaligen Arbeitssitz Bechers als Kulturminister, blieb der Sockel zwischen Nikolaiviertel und Molkenmarkt verwaist. Die Bronzeplastik wurde im Bürgerpark abgestellt, in der Nachbarschaft eines einfachen Baukörpers: 1955 eröffnete an dieser Stelle die erste Parkbibliothek der DDR. Das unbeschwerte Lesen ermöglichen auch Sitzgelegenheiten, die dort ausgeliehen werden können, soweit die Witterungsverhältnisse eine Öffnung erlauben. In jüngster Zeit ist selbst bei schönem Wetter immer seltener geöffnet.

Alte Parkstadt – Wohnen im Bezirk Pankow

Werbung muß sitzen. Sie darf aggressiv sein. Der Inhalt sollte halbwegs stimmen. „Ziehe nach Pankow" entspringt keiner Hochglanzbroschüre des Bezirksamtes, obwohl dieser „Aufforderung" in jüngster Zeit viele folgten: es gibt in den Neunzigern wesentlich mehr Zuzüge als Abgänge. Die Einladung, nach Pankow zu ziehen, ist gut 90 Jahre alt. Auf dem Plakat links oben rauchende Schlote mit dem Turm des Roten Rathauses, bedrückende Enge und Stickigkeit, die förmlich zur Flucht aus Berlin nötigen. In der Bildmitte, oval gerahmt, die vermittelnde Idylle des Bürgerparks; von rechts schiebt sich das Pankower Rathaus hinein, darüber weiße Wolken und blauer Himmel. „Alte Parkstadt – Gesündester Vorort des Nordens". Die Industrie war zu keiner Zeit so dominant, daß sie dem gesündesten Vorort hätte schaden können. Die öffentlichste und gesündeste Anlage bildete die Natur schlechthin, im Norden von Pankow und westlich von Niederschönhausen vor allem die Schönholzer Heide. Ursprünglich wesentlich größer als das heute ausgewiesene Areal, setzten Forst- und Waldarbeiter dem Baumbestand zu, schlugen Schneisen zur Erschließung von Baugelände für Terrainge-

Weiße Wolken über Pankow: Werbung vor dem Ersten Weltkrieg

56

sellschaften. Der Photograph Georg Bartels schoß Aufnahmen davon. Sie lassen sich nicht mehr verorten, geben aber Auskunft über den Zustand vor dem Beginn der Bautätigkeit. Es entstand die Parkstadt Pankow. Die Parkanlage des Baron Killisch von Horn und der zunächst ebenfalls private Brosepark in Niederschönhausen öffneten sich dem Publikum, die beiden Schloßparkanlagen in Niederschönhausen und Buch nicht zu vergessen. Das ab 1909 als Hauptschulgarten für Berlin von Albert Brodersen und Alexander Weiß gestaltete Areal, das südlich von Blankenfelde an gleichnamiger Chaussee liegt, erfuhr eine Neugestaltung und Ergänzung als Botanische Anlage durch die Nutzung der Humboldt-Universität seit 1977.

Die alte Parkstadt: Rechts und links der Pankower Dorfaue wurde um die Krone der schönsten Parkanlage gewetteifert, doch hatten nur die Besitzer und Gäste jener wohlhabenden Sommerfrischler eine Nutzungsmöglichkeit. Der Plan von Selter aus dem Jahre 1818, auf dem *mit seinen Schülern zur … Übung aufgenommen* steht, zeigt die ausschließlich gerasterten Gartenbereiche, von Müller, Lessing oder Jordan im westlichen Teil, von Schickler und Möhring im östlichen Teil. Einige sind Jahrzehnte später für Sanatoriumszwecke verwendet worden. An ganz wenigen Stellen ist ein Hauch davon übriggeblieben, unter anderem hinter der Breiten Straße 45. Auf der Rückseite Breite Straße 13 hat sich ein sogenanntes Gartenhaus erhalten, das in die zweite Hälfte des 19. Jahrhunderts gehört. *Die einstigen Bauernhöfe und Kossätenhöfe waren nicht mehr zu erkennen, sie hatten sich bis auf vier in entzückende Gärten verwandelt und mancher war zum Park mit hohen Baumkronen geworden,* wußte Ferdinand Beier zu berichten.[32] Am nordöstlichsten Zipfel des Dorfangers verzeichnet der Selter-Plan das gärtnerisch gestaltete Grundstück des Geheimen Rates Hermbstadt. Der gebürtige Charlottenburger Architekt und Fachschriftsteller Otto March erwarb am Ende des 19. Jahrhunderts diesen Besitz, führte den Titel des Direktors der „Landhaus-Baugesellschaft" in Pankow und die dazugehörige Landhaussiedlung „Amalienpark" selbst aus, die von der Breiten bis zur Wolfshagener Straße reicht.

March setzte die unterschiedlich gestalteten, besonders durch Balkone geprägten neun Häuser fast an den äußersten Rand des gut 100 Meter breiten und 160 Meter langen Grundstücks, wodurch der zentrale Park entstehen konnte. Die noble Wohnsiedlung von 1896/97 ist bis auf das zentrale nördliche Gebäude, im Zweiten Weltkrieg zum Teil zerstört, unversehrt geblieben und erstrahlt heute nach erfolgter Sanierung in Gelb. Die zweigeschossigen und dreigeschossigen Wohnhäuser mit

Entwurf des Amalienparks an der Breiten Straße

Mansarddachausbau und Souterrainnutzung wiesen zwischen 140 und
155 m^2 große Wohnungen auf, alle mit Küche, Bad, Innenklosett und
Ofenheizungen ausgestattet. Der Amalienpark war damit die gebaute
Konsequenz der Baupolizeiordnung für die Vororte von 1892, aus der
Berliner von 1887 mit vielen Unterschieden abgeleitet, unter anderem
dem Unterschied, eine Gebäudeanlage im Landhausstil zu präferieren.
*Wie Pankow durch seine Gärtnereien, namentlich den Rosenflor berühmt ist,
so der Schönhauser Schloßgarten durch seine Eichen,* heißt es 1890 in einer
„Vorortplauderei" von Ernst Friedel.[23] Ferdinand Beier faßte es 1909 so
zusammen: *Der Bauer hatte seine Vorherrschaft verloren und die Gärtner
waren an seine Stelle getreten, welche teils aus eigener Gärtnerei Berlin mit
Blumen versorgten oder als Angestellte der Villengärten die Gartenkunst
trieben.* [32] Die südlich des alten Zentrums verlaufende Florastraße verweist in ihrer Bezeichnung auf eine Konzentration von Gärtnereien, die
zur Namensgebung nach der antiken Göttin der Blumen und Blüten
führten. Oft genug sind solche namentlichen Charakterisierungen die
einzigen Rückbezüge auf das Gewesene. Die Gärtnerei auf dem Grundstück Nr. 33 jedoch wich einer Bebauung, die sich von einem einfachen
Mietshaus unterscheidet. Wer von der Straße den offenen Hof betritt,
nimmt rechterhand eine Villa wahr, die ursprünglich frei stand und zur
Gärtnerei gehörte, später aber mit dem davorgesetzten, an der Straße
stehenden Vorderhaus verbunden wurde.

Auf dem Gärtnereigrundstück wurde bis 1906 der „Florapark" erbaut, eine dreiflügelige Wohnanlage mit schmucken Vorgärten, deren irgendwann einmal nicht mehr verschnittene Taxusbüsche sich zu Bäumen auswuchsen und dem die süßlichen Plastiken fehlen. Die Eingänge zu den Treppenhäusern besaßen eine Laube, der Querflügel ein Türmchen mit Uhr, wie in der Mitte des offenen Hofes eine Torkonstruktion die Inschrift „Florapark" trug. Durch einen Torbogen ging es auf den Gewerbehof, der hinter die Wohnanlage gesetzt wurde. Die klassische Berliner Kombination von Wohnen und Gewerbe ist auf diese elegante Art und Weise gelöst worden.

Wer neugierig ist, wie es in einer solchen Wohnung aussah, der besuche das Pankower Heimatmuseum, das ein besonderes ist. Die Orts-Chronik, die Rudolf Dörrier 1965 gründete, zog 1974 aus dem Rathaus in eine zwei Jahre zuvor verwaiste Wohnung in der Heynstraße 8. Fritz Heyn, zugezogener und eine Stuhlrohrfabrikation einrichtender Unternehmer, baute neben seinem Fabrikationsgrundstück in der 1891 nach ihm benannten Straße ein Mietshaus und wohnte selbstverständlich in der Beletage des im Zweiten Weltkrieg beschädigten und heute von außen wenig einladenden Gebäudes. Im Hausflur sind innerhalb der rokokesk gerahmten Felder einige Stellen der übermalten bräunlichen Grisaillemalerei freigelegt worden und lassen die Wirkung der landschaftlichen Darstellungen unterschiedlicher Jahreszeiten erahnen. In der Wohnung selbst, in der das „Panke-Museum" empfängt, ist nichts im nachhinein Eingebrachtes: vom Linoleum, über die Stuckaturen, die Öfen, die Türblätter und Rahmungen, die Lampen bis zum Bad ist alles in situ, „in der natürlichen Lage"; Teile des Mobiliars sind original. Über das im Winkel zum Seitenflügel befindliche „Berliner Zimmer" gelangt der Besucher bis zur Küche und Schlafkammer der Bediensteten sowie zu dem hinteren separaten Dienstbotenaufgang. Der kleine, intime Park auf dem Hinterhof zeigt zwar Spuren der Verwilderung, ist aber mit der restaurierungsbedürftigen Brunnenplastik und dem umwucherten hölzernen Gartenhaus sehenswert. Derartige Mietshaus- und Wohnungstypen gibt es in Pankow reichlich, doch wohl kaum mehr mit diesem Interieur.

Ein weiteres sehenswertes städtebauliches Ensemble befindet sich in der ehemaligen Lindenstraße, der heutigen Grabbeallee in Niederschönhausen. Wer sich der auf der Ostseite gelegenen Anlage der Paul-Francke-Siedlung nähert, die ihre Wirkung vor allem durch die dunkelroten Rathenower Handstrichziegel entfaltet, könnte meinen, daß es sich um einen kirchlichen Wohnstift handelt, doch verhält sich alles

Südseite der Florastraße in Richtung Mühlenstraße

ganz weltlich. Im Jahre 1906 kam der Architekt Paul Mebes in die Reichshauptstadt und arbeitete als technisches Vorstandsmitglied des Beamten-Wohnungsvereins zu Berlin GmbH. Seine zweite Verantwortlichkeit war die Planung und Ausführung von Siedlungen und Wohnungen. Eines der von ihm geförderten Projekte war die Paul-Francke-Siedlung, errichtet auf einer dreieckigen Grundfläche, die im Nordosten vom Zingergraben begrenzt wird. Zur Grabbeallee öffnen sich zwei große Höfe, die keineswegs auf gegenwärtige Verkehrsdichte berechnet waren. Die 1908/09 geschaffene Mietwohnanlage erhielt gleich nach ihrer Vollendung Lob in Form einer Hinweistafel: Anerkennung des Kreises Niederbarnim für bauliche Leistungen – 1909. Nicht nur die schnörkellose Fassade, die mit Klinker ornamentale Gestaltungen erreicht und eine Vielzahl Erker und Korbbogenloggien zeigt, sondern vor allem die Wohnungsgestaltungen innerhalb des Zeilenbauprinzips machen das Besondere aus. Der Grundriß in allen drei Geschossen bleibt gleich, die besseren und größeren Wohnungen liegen also nicht unten. Der Vorteil der guten Belichtung und Belüftung meint auch die Querlüftung innerhalb der Wohnung. Der Anteil der 65 bis 100 m^2 großen Zweizimmerwohnungen beträgt 47%, gefolgt von 33% 93 bis 115 m^3 großen Dreizimmerwohnungen. Der Rest sind Vierzimmerwohnungen, alle haben Bäder und Küche, Ofenheizung und zumeist eine große Kammer, eine Anlage, die der Gegend und sozialen Lage ange-

Der „Flora-Park" um 1910, Bildwerke und Torbogen sind nicht erhalten

messen erschien und der Mietskaserne diametral gegenübertrat. Drei
Spielplätze lagen an der Rückseite zum Zingergraben, der zur Panke
fließt. Wohnbauformen, wie sie Mebes hier präsentierte, sind in den
20er Jahren weiterentwickelt worden, als es galt, massenhaft Mietwohnungen zu erichten.

1910/11 nahm Mebes eine größere Mietshausbebauung in Form eines
Wohnblocks mit zwei schmalen, geschlossenen Innenhöfen, im Süden
von Pankow an der Wisbyer Straße vor, ebenfalls für den Beamten-
Wohnungsverein. Interessant war der Auftrag, der von einem von Lehrerinnen begründeten Spar- und Bauverein an ihn herangetragen wurde; Mebes baute in der unmittelbaren westlichen Nachbarschaft eine
dreiflügelige Wohnhofanlage. Das „Lehrerinnenheim" sollte vorwiegend
alleinstehenden, berufstätigen Frauen als angemessene Unterkunft dienen; im Erdgeschoß wurden Gemeinschaftsräume eingerichtet. Das
„Lehrerinnenheim" liegt in einem Bereich, der durch geschlossene,
mehrgeschossige Bebauung geprägt ist, die nahtlos in den heutigen Bezirk Prenzlauer Berg übergeht.

Gegenüber diesem gärtnerischen und parkartigen Schmuck im alten Dorf
Pankow und in Niederschönhausen fallen die bauerlosen Flächen auf, welche,
zur Gemarkung Pankow gehörig, die Dorflage vom Berliner Weichbild
trennen. Die Besitzer halten dies Ackerland ängstlich fest und hoffen, eines
Tages von Berlin einverleibt zu werden. Dann wächst auf dem Sande der ma-

geren Felder mit einem Male Gold.[23] Was 1890 derartig visionär für den Süden Pankows beschrieben wurde, entsprach späterhin der Wahrheit, obgleich dem Wörtchen Gold das o durch ein e ersetzt werden sollte. Bis hin zur S-Bahnstrecke lassen sich viele Beispiele der Zwanziger-Jahre-Architektur in berlintypischer Blockrandbebauung finden, bei denen wiederum Architekt Paul Mebes, soziiert mit seinem Schwager Paul Emmerich, verantwortlich zeichnete. Ansonsten sind es vielleicht nicht die ganz großen Namen der Branche, aber doch große, die vorwiegend in Pankow oder Niederschönhausen aktiv wurden. Wie Carl Fenten und Rudolf Klante, Jacobus Goettel, Erwin Gutkind, Otto Rudolf Salvisberg, Joseph Tiedemann oder Paul Zimmerreimer bauten sie vor allem für Vereine und Gesellschaften im Stile der „Neuen Sachlichkeit", für den „Beamten-Wohnungsverein Neukölln", die „Deutsche Gartenstadt-Gesellschaft m.b.H." oder die „Pankower Heimstätten". In hoher Konzentration liegen sie zwischen Berliner Straße, Eschengraben, Wisbyer Straße und Prenzlauer Promenade, und reichen, wie das Kissingenviertel, bis an den Rangierbahnhof östlich des S-Bahnhofes Pankow heran, aber auch nordwestlich des Andreas-Hofer-Platzes, südlich der Galenusstraße (z.T. schon vor dem Ersten Weltkrieg entstanden) und westlich der Friedrich-Engels-Straße finden sich Beispiele solcher Wohnsiedlungsarchitektur aus der Zeit zwischen den Weltkriegen.

Sie präsentieren sich zum Großteil mit Flachdächern, aber ohne übertriebene Fassadengestaltungen, unter weitgehendem Verzicht auf Ornament und Profil; sachliche, klare Gebäudekuben, die sich auf den ganzen Baukörper konzentrieren und die Horizontale gerade durch Fensterreihungen und -bänder betonen. Der Bezirk Pankow besitzt ein anschauliches Einzelbeispiel auch an der Flora-/Ecke Dusekestraße von Alfred Wiener und Hans Jaretzki, dessen besondere Wirkung von der Eckgestaltung ausgeht: einerseits ein Viertelrund mit drei vorgeschobenen Obergeschossen und andererseits rechtwinklig gestaffelt mit gerundeten Balkonen.

Die zunehmende Verstädterung in den Ortsteilen des baldigen Verwaltungsbezirks erfolgte „klassisch" mit eher vornehmem Mietshausbau, später mit entsprechenden Wohnsiedlungen, die straßenseitig von Alleen oder Grünanlagen begleitet wurden oder begrünte Höfe auszubilden halfen. Die Mietskaserne spielte schon wegen der Lage und Geschichte der Gegend keine, besser gesagt gar keine Rolle.

Pankow macht sich nützlich

Die städtischen Heilanstalten in Buch

Im Polizeigefängnis, im panoptischen Bau vom Präsidium, vermuten sie zwar erst, Franz Biberkopf schiebt einen Ball, spielt den Verrückten, weil er weiß, daß es um die Rübe geht, dann sieht sich aber der Arzt den Gefangenen an, man bringt ihn ins Lazarett nach Moabit, auch da ist kein Wort aus ihm herauszukriegen, der Mann ist scheinbar wirklich verrückt, er liegt ganz starr, plinkt nur wenig mit den Augen. Als er zwei Tage die Nahrung verweigert hat, fährt man ihn nach Buch heraus, in die Irrenanstalt, auf das feste Haus. Das ist in jedem Fall richtig, denn beobachtet muß der Mensch sowieso werden.[33]

Der „Spezialarzt für Innen- und Nervenkrankheiten", Dr. med. Alfred Döblin, schreibt Bücher. Am 30. September 1929 erscheint sein Roman „Berlin Alexanderplatz". Er verhilft dem Autor zu Welterfolg, der deutschen Literatur zum ersten Großstadtroman von Rang. Nach dem Studium der Medizin in Berlin und Freiburg i.Br. erhielt Döblin im Oktober 1906 eine Anstellung als Neurologe in der gerade neu eröffneten „III. Irrenanstalt Buch". In „Berlin Alexanderplatz" griff er auf seine Erfahrungen in Buch zurück, als er seine durchgedrehte Hauptfigur Franz Biberkopf hier einliefern läßt.

Dr. Alfred Döblin 1906 inmitten der Schwestern der Irrenanstalt Buch

Der schriftstellernde Arzt arbeitete topographisch genau. Man fahre mit der S-Bahn bis „Berlin-Buch", halte sich nach dem Ausstieg rechts und laufe bis zur Karower Straße 11, ÖB II, Örtlicher Bereich C. W. Hufeland. Am Torhäuschen mit rundbogiger Durchfahrt steht die 1833 von Christian Daniel Rauch geschaffene Bronzebüste, die den Leibarzt Friedrich Wilhelms III. zeigt. Nach dem ersten Dekan der medizinischen Fakultät der Berliner Universität, Christoph Wilhelm Hufeland, ist später die III. Irrenanstalt, der älteste Bereich der Berliner Wohlfahrts-, Pflege- und Krankeneinrichtungen, benannt worden. Der Komplex ähnelt dem Holländischen Viertel in Potsdam. Rote Backsteingebäude mit heller Sandsteingliederung in den Formen des holländischen Frühbarock – hier entstand die größte Krankenstadt im Norden Berlins. Sie ist die Assoziation mit dem Ort Buch schlechthin, als hätte er keine Vor-Geschichte. Marzahn erging es auf eine andere Art ähnlich: Plattenbaugebiet. Punkt.

Der 43jährige Ludwig Hoffmann, am 1. April 1896 zum Stadtbaurat von Berlin gewählt, begann seine Tätigkeit am 1. Oktober. In seine Verantwortlichkeit fielen die städtischen Hochbauten, dazu gehörten auch Krankenhäuser. Die erste diesbezügliche Aufgabe verlangte Hoffmann alles ab: der Bau des Rudolf-Virchow-Krankenhauses in Wedding. Gebäude können krank machen – Hoffmann mußte das Gegenteil schaffen. Sein bauliches Organisationsprinzip war grandios und sollte ihn auch bei dem großangelegten Berliner Wohlfahrtsprojekt in Buch nicht im Stich lassen. Mit der Irrenanstalt, in die jene fiktive Romanfigur Franz Biberkopf eingeliefert wird, begann die Realisierung des ersten Komplexes. *Als ärztlicher Berater stand mir bei der Lösung dieser Aufgaben der Direktor der Irrenanstalt Herzberge, Geheimrat Dr. Moeli ... zur Seite. Große Krankenhäuser machen dem in die Anstalt Eintretenden leicht einen bedrückenden Eindruck, zumal wenn sie, wie hier, in größerer Zahl und in einer durchaus ebenen und landschaftlich reizlosen Gegend errichtet werden müssen. Und Dr. Moeli legte besonderen Wert darauf, daß den Geisteskranken öde und trübe Eindrücke ferngehalten würden.*[34] Hoffmann betont in seinen Aufzeichnungen, daß von den 40 Gebäuden insgesamt 11 eine Breitenausdehnung von über 100 Meter hätten und damit das Rote Rathaus überträfen. Die Anstalt war für 2.000 Irre projektiert, die Küche für 3.000 Personen. *Nicht nur das Äußere der Bauten wird durch die zahlreichen erkerartigen Vorbauten belebt, sie sind auch für die Innenräume von großem Wert. In einer Anstalt, in welcher wegen der Unruhe der Kranken die Zahl der Möbel auf das äußerste beschränkt werden muß und auch an die Wände nichts gehängt werden darf, sind die erkerartigen Ausbauten ein willkommenes*

Motiv, das den Räumen an sich einen etwas freundlicheren Eindruck sichert. *Damit die Kranken im Freien sich gut bewegen können, bedarf jedes Gebäude einer größeren Gartenfläche. So stehen die Bauten in größerer Entfernung voneinander.*[35] Geschlechtertrennung auch hier: links der Hauptachse die Frauen, rechts die Männer. Am Schnittpunkt mit der Querachse gestaltet Hoffmann einen Brunnenplatz. *Den Unruhigen dienen am hinteren Abschluß der Anstalt sogenannte „Verwahrungshäuser", zwei Gebäude für die schwierig zu überwachenden gefährlichen Kranken wurden abseits in freiem Felde errichtet.*[35] So beschrieb es auch der ehemals hier praktizierende Arzt Döblin in seinem Großstadtroman von 1929. *Die Anstalt Buch liegt ein Stück hinter dem Dorf, das feste Haus liegt außerhalb der Häuser der andern, die nur krank sind und nichts verbrochen haben. Das feste Haus liegt im freien Gelände, auf dem offenen, ganz flachen Land, der Wind, der Regen, der Schnee, die Kälte, der Tag und die Nacht, die können das Haus umdrängen mit aller Macht. Keine Straßen halten die Elemente auf, es sind nur wenige Bäume und Sträucher, dann stehen noch ein paar Telegraphenstangen da, aber sonst sind nur Regen und Schnee, Wind, Kälte, Tag und Nacht da.*[36] Stadtbaurat Hoffmann vermerkte die Kosten: *... für die Gebäude und Gartenanlagen 10.900.000 Mark und für das Inventar 800.000 Mark.*[37] Die Stadt Berlin griff für die Irrenanstalt tief in die Kasse.

Parallel arbeitete man in Buch an weiteren Projekten. Schon am 9. September 1905 wurde Hoffmanns erstes Krankenhaus, die Heimstätte für Brustkranke in Alt-Buch 74, den städtischen Behörden übergeben. Sie liegt nördlich vom Schloßpark; Hoffmann plazierte den Bau mit den offenen Hallen so, daß der hohe Laubwald dahinter gegen Wind schützte. 1906 gingen seine *zwei größten Bauaufgaben, das Rudolf-Virchow-Krankenhaus und die Irrenanstalt in Buch*[38] in Betrieb, die der Architekt als den quantitativen Höhepunkt seiner Tätigkeit für die Stadt Berlin betrachtete. *Auch der Bau des Altleutehims in Buch nähert sich seiner Vollendung.*[39] Um die 1.500 älteren Leute nicht zusammenzusperren, wurde die Anlage aufgegliedert, mit Plätzen und gärtnerischen Gestaltungen belebt und durch einen Wasserturm dominiert. *Und wendet man sich um, so erblickt man über den Eingangstüren des niedrigen Torgebäudes, vom Dache herabschauend, einen alten Mann und eine alte Frau, ihn mit der Tabakspfeife und sie mit der Kaffeetasse. Alte Leute sind neugierig, sie wollen schauen, wer hereingekommen ist. Und Ignatius Tascher hat sie vortrefflich gestaltet.*[39] Hoffmann lobte so einen Bildhauer, der zusammen mit einem anderen dieser Zunft, Georg Wrba, viele seiner Bauten und Anlagen zu komplettieren vermochte. Die Einweihung fand am 19. Juni 1909 statt. Da war in Buch schon eine weitere Irrenanstalt in der Pla-

nung, römisch Vier gezählt, die in etwa die Größenordung der III. Irrenanstalt erreichen sollte. *„Mit ... Ihren großen Bauanlagen in Buch renom-
miere ich immer wieder im Ausland"*, vertraute der deutsche Kaiser Wilhelm II. Hoffmann an.[40]
Mit Ausbruch des Weltkrieges stand das Irrenhaus zur Disposition: aus
der rohbaufertigen Anlage wurde ein Kriegslazarett, nach Kriegsende
sinnfälligerweise ein Genesungsheim für die infolge des Krieges *unte-
rernährte und in großer Anzahl erkrankte Jugend*. Die Lungenheilstätte als
letzte Anlage des Stadtbaurates in Buch ging nach der Weltkriegsunter-
brechung und den wirtschaftlichen Turbulenzen sogar erst 1929, nach
Hoffmanns Pensionierung, in Nutzung.
Die in der Reichshauptstadt gleichzeitig angewachsenen Geisteskran-
kenziffern erforderten Ausweitungen diesbezüglicher Anstalten, die
auch immer schwerer im Stadtgebiet oder dessen Rand aufgebaut
werden konnten. Berlin griff auf die Provinz Brandenburg zurück.
Warum außerhalb von Berlin? Warum in Buch? Es hat mit einem tragi-
schen Unfall zu tun. Graf Gustav Hermann Otto Leopold von Voß-
Flotow beschloß, im Bucher Schloß seinen ständigen Wohnsitz zu
nehmen. Zum Herrschaftsbereich gehörte ein ausgedehnter Forst, den
er am 19. Dezember 1892 durchstreifte, um sich zu den Waldarbeitern
zu gesellen, die Holz schlugen. Seine Schwerhörigkeit schluckte einen
Warnruf, ein Baum zerschlug ihm das Kreuz. Vier Tage später erlag er
den Folgen. Sein jüngerer Bruder, Graf Georg von Voß, verkaufte das
Erbe, um sich ein Gut in der Neumark zu sichern. Er hatte wenig Bezie-
hung zu dieser Gegend und bekam für die 5.000 Morgen satte 3,5 Millionen Mark. Käufer war das auf Landerwerb erpichte Berlin. Weiteres
Gelände für Rieselfelder mußte her. Der Moloch der Reichshauptstadt
steuerte auf die Zwei-Millionen-Grenze zu.

Kanalisation und Rieselfelder

1898 erwarb der Magistrat von Berlin das Gut Buch mit Schloß und
Park, den Ländereien und Forsten. Die Verhandlungen führte der Berliner Stadtrat Carl Arnold Marggraff, von 1863-87 Besitzer der „Rothen
Apotheke" in der Spandauer Vorstadt, die als Berolina-Apotheke heute
noch in etwa jenem Zustand ist, wie sie Marggraf in den Neubau vor
seiner Übergabe an den Sohn einbauen ließ. Am 1. Dezember 1877
übernahm der Stadtrat den Vorsitz der Kanalisationsdeputation,

nachdem am 3. März 1873 das Abgeordnetenhaus einen Beschluß für Kanalisation gefaßt hatte. Mit 43 Jahren begann er sein Lebenswerk: die Realisierung der Kanalisation sowie den Erwerb und die Verwaltung der Rieselfelder und -güter. Vor Marggraffs Amtsantritt zeigte der Riesellandbesitz mit 2.000 Hektar noch bescheidene Ausmaße, zumal nur 52 Hektar berieselt wurden. Im Jahre des Bucher Erwerbs erreichte die Größe des Besitzes schon 11.477 Hektar, von denen 5.976 berieselt worden sind. Immerhin wäre das nicht ganz die mit 6.187 Hektar angegebene Größe der heutigen Stadtbezirksfläche von Pankow. Der Benennung eines Gutes „Marggraffshof" folgte 1911 die Verleihung des Titels „Geheimer Regierungsrat". Im selben Jahr erhielt der verdienstvolle Marggraff für sein Engagement auf dem Gebiet der Kanalisation und der Rieselfelder das Ehrenbürgerrecht.

Zwei Namen jedoch sind mit der Lösung des Abwasserproblems der Großstadt Berlin weitaus stärker gegenwärtig: James Hobrecht und Rudolf Virchow. Letzterer war Mitglied in der Kommission, die über die eingereichten Projekte zu entscheiden hatte. Ersterer erhielt den Vorzug: *... so nahm die Deputation mit großer Geneigtheit den Gedanken des Herrn Baurat Hobrecht entgegen, die Stadt in mehrere Entwässerungsgebiete zu zerlegen und jedes einzelne derselben mit einem unabhängigen Kanalsystem ... zu versehen.*[41] Friedrich Edward Salomon Wiebe, den Hobrecht im August 1860 noch auf eine dreimonatige Dienstreise zum Studium von Entwässerungsanlagen in Europa begleitete, hatte seine Gründe, alles Brauchwasser in die Spree zu leiten, die Kommission die ihren, das abzulehnen. Sie argumentierte, nachdem sich der Abfluß in den Hauptstrom der Stadt *als chemisch und finanziell unausführbar erwiesen hat, so bleibt nichts übrig, als dieses Schmutzwasser durch Dampfkraft auf die Felder der weiteren Umgebung zu treiben und dort a) im Frühling, Sommer und Herbst zur Berieselung, b) im Winter zur Einstauung unter gleichzeitiger Desinfektion zu benutzen. Auf alle Fälle sprach sich die Deputation dahin aus, daß die Kanalisation den Charakter einer öffentlichen Institution haben und behalten müsse und daß die Stadt die Ausführung zu bewirken habe.*[41] Berlin setzte auf das Mischsystem. Die gesamten Fäkalien, Wirtschafts- und Fabrikabwässer flossen mit dem Regenwasser in ein und dasselbe Leitungsnetz. Mit Blick auf die Ausdehnung der Metropole bewährte sich dieses Prinzip der radialen Abwasserwegleitung, eine bloße Verteilung nach dem Motto „Hahn auf und weg" wäre verheerend gewesen. Zunächst mußte das Wasser in Klärbecken vorgereinigt werden, denn Schlick in unvergorenem Zustand schließt auf den Feldern alles luftdicht ab und verhindert damit den Wasserdurchgang. Auch die offenen Gräben setzt er zu. Damit das aufgebrachte Wasser noch schneller abfließen konnte, wurden die Rieselfelder mit einer sehr engen Dränage versehen. Der Flächenbedarf für die Verrieselung wuchs in dem Grad, wie die steigende Anzahl von Häusern mit Wasser- und Abwasserleitungen sowie Wasserklosetts ausgestattet wurde. Als Groß-Berlin 1926 auf die Vier-Millionen-Einwohner-Grenze zusteuerte, verfügte das Kanalisationsnetz schon über 4.487 Kilometer Länge und förderte 226 Mio. Kubikmeter Abwasser. Das Bucher Gut sollte zunächst eine wichtige Lücke schließen. Berlin zahlte pro Hektar 2.800 Mark, 1.790.000 Mark für den ganzen späteren Administrationsbesitz Buch. Um Blankenfelde herum kaufte Berlin 1882 und später weiteres Areal. Im gleichen Jahr kamen Gebiete um Rosenthal hinzu, die 1891 erweitert wurden. 1890 taucht auch erstmalig Französisch-Buchholz in den Registrierungen auf, vier Jahre früher schon Ländereien um den sogenannten Lindenhof, der westlich von Buch, aber noch im Bezirk Pankow liegt, von Blankenburg, Heinersdorf und Karow ganz zu schweigen, die 1920 noch zum 19. Verwaltungsbezirk Pankow gehörten. Naturgemäß konnten sich nur wenige Städte und Vororte außerhalb Berlins eigene Rieselfelder leisten – der Kostenfrage wegen. Pankow versuchte, die Finanzierung erträglicher zu machen, indem es auf ein in den 1890er Jahren entwickeltes Kohlebreiklärverfahren setzte und erst später zur Rieselei auf Flächen in Mühlenbeck überging. Auf aktuellen Karten sind immer noch Flächenausweisungen als ehemalige Rieselfelder verzeichnet, doch hat die Methode ausgedient.

Das nach draußen vor Berlin gepumpte Gemisch aus Fäkalien und Abwässern der Fabriken, vermischt mit Regenwasser, *hatte auch allerlei Mißliches im Geleite* und führte übrigens zu einer Verunreinigung der Panke, die ihren Spottnamen „Stinkepanke" erklärbar machen, ja sogar ein Badeverbot in der Pankower Ortsgegend. Zu den positiven Begleiterscheinungen zählte die landwirtschaftliche Nutzung der Rieselfelder. Die hier angebauten Pflanzen mußten häufiges Aufbringen von Wasser in kurzen Zeiträumen gestatten. Am besten vertrug dies Gras, das als geeignetste Rieselpflanze sommers wie winters galt. Gewächse mit großem Stengel und großer Menge Blätter wie Mais oder diverse Gemüsesorten folgten. Pferderüben standen in der Begehrlichkeit ganz oben, sowohl bei den Tieren als auch bei den Unternehmen der Pferdebahngesellschaften, dem Königlichen Marstall, dem Militär und auch der Tattersal-Gesellschaft, die Pferde zum Reitenlernen und Ausreiten besaß. Fehlt noch die Kartoffel, die, zwar ohne Berieselung, aber auf ehemaligen Rieselland angebaut, qualitativ bessere Ernten zuließ. Genannt sei auch der Obstanbau, vor allem Äpfel, weniger Birnen. Diese landwirtschaftliche Nutzung unterlag dem Verantwortungsbereich entsprechender Güter der Stadt Berlin; solche Administrationen gab es in Buch und Blankenfelde, aber auch im heute zu Weißensee zählenden Blankenburg, das vor allem für seinen Obstanbau mit den typischen Spalierobstgängen bekannt war. 1906 brachte der Bau eines Feldbahnnetzes gute Verbindungen unter den Gütern und zu den Bahnstationen; in Rosenthal wurde die Feld- an die Straßenbahn herangeführt, um im Ersten Weltkrieg infolge Mangels an Zugvieh die Feldfrüchte zur Berliner Markthalle transportieren zu können. Zur Gesamtfläche solcher Stadtgüter, die zunächst zur Beseitigung der Abwässer angekauft worden waren, zählte auch oft ein kleinerer Waldbestand: bei Buch wurden einst 10 Hektar, bei Blankenfelde gar 85 angegeben. In Hobrechtsfelde existierte ein Säge- und Holzbearbeitungswerk. Auch Viehhaltung hat es auf den Gütern gegeben, sogar Fischzucht, nach den ersten Erfolgen bei Malchow ebenso in Blankenfelde. 1920 erst erfolgte die Trennung der Kanalisationswerke von den Gütern. Der Magistrat beschloß schließlich am 19. Oktober 1922 die Gründung einer Berliner Stadtgüter GmbH, die, am 5. April des folgenden Jahres handelsgerichtlich eingetragen, 1998 zum 75jährigen Jubiläum Anlaß gab.

Landwirtschaft und Laubenpieper

Das Wappen des Bezirkes Pankow enthält Aufschlußreiches über historische Gegebenheiten. Hinter den beiden Getreidegarben, die ein blaues Band zusammenhält, stehen Rechen, Dreschflegel und Sense, davor zwei gekreuzte Spaten. Ähnlich sieht das Wappen von Niederschönhausen aus: Im Zentrum eine Kiefer, an eine Forke gelehnt, hinter der sich Rechen und Sense kreuzen. Rosenthal zeigt im Wappen allein die Getreidegarbe, Blankenfelde im Dorf-Siegel ein Bild mit Mistforke und Heugabel. Buchholz und Buch tragen die Buche im Wappen, bei Buchholz kombiniert mit dem roten brandenburgischen Adler, bei Buch hingegen mit einem Fuchs.
Eine klare Symbolik; zum Zeitpunkt der Zuordnung zum 19. Verwaltungsbezirk lag der Anteil an landwirtschaftlich, gärtnerisch und kleingärtnerisch genutzten Gebieten und Rieselfeldern, einschließlich der Wald- und Wasserflächen, der Parkanlagen und Friedhöfe bei über 70 %. 1962 beanspruchte die Landwirtschaft weiterhin etwas weniger als die

Eingang zu einer Gartenanlage an der Schönholzer Heide

Hälfte der durch Gebietszuwachs 1938 leicht gestiegenen Bezirksfläche für sich, nämlich 3.595 der insgesamt 7.840 Hektar, zu diesem Zeitpunkt jedoch nicht mehr privatwirtschaftlich organisiert, sondern kollektiviert. Ob die Bauer wollten oder nicht, in den 50er Jahren standen sie vor der Alternative: freiwillig oder unter Druck und Zwang in die Landwirtschaftlichen Produktionsgenossenschaften (LPG) zu gehen. Sie blieben dem Gesetz nach persönliche Eigentümer an Grund und Boden, der LPG stand nur das Bodennutzungsrecht zu. Die Volkskammer pries am 25. April 1960 den „unwiderruflichen Sieg der sozialistischen Produktionsverhältnisse auf dem Lande" und erklärte die Kollektivierung offiziell als „freiwillig" abgelaufen. Pankow galt als erster Bezirk in Ost-Berlin, der die Kollektivierung abschloß. In den 60er Jahren bestanden zwei VEG's, sieben LPGs und vier GPGs, d.h. Gärtnerischen Produktionsgenossenschaften. Die GPG „Kleeblatt" in Buchholz faßte 20 Gärtnereien zusammen und verfügte über ein 18.000 Quadratmeter großes Gewächshaus. Die Buchholzer Tomaten sind heute noch eine delikate Angelegenheit, von den Buchholzer Säften ganz abgesehen. Eine besondere Episode war die Karpfenzucht im Wilhelmsruher See, der in den 50er Jahren im Rahmen des sogenannten Nationalen Aufbauwerks NAW eine Verschönerung seiner Ufer erfuhr, als hier gefischt und nicht mehr gebadet wurde. Verschwunden sind nicht nur die Fische, sondern auch die zur Landwirtschaft gehörigen dörflichen Feste und Umzüge, die immer mit besonderem Stolz ausgestaltet und gefeiert wurden.
Solange ist das im Prinzip nicht her und dennoch längst Vergangenheit. Eines ist jedoch geblieben: viele Kleingärten prägen nach wie vor den Stadtbezirk. Zählte die Statistik 1947 13.652 Parzellen, so sind es 1997 noch gut 9.000 auf ca. 490 Hektar gewesen. Innerhalb der 90 Gartenanlagen leben 1.100 Dauerbewohner.

Pankow nach Berlin

Der 19. Verwaltungsbezirk

Das Wachsen Berlins in der zweiten Hälfte des 19. Jahrhunderts zu einem immer größeren städtischen Gebilde ging nicht nur mit einer flächenmäßigen Ausdehnung und Bebauung einher, sondern auch mit der Auslagerung der riesige Areale beanspruchenden Industrie. Das Verkehrswesen nahm an Größe und damit an Dichte zu, Entfernungen ließen sich zeitlich verkürzen. Handel und Versorgung erreichten neue Quantitäten. Für die städtische Verwaltung in vielfältiger Weise eine schwierige Situation, da sie mit dieser Entwicklung Schritt halten mußte. Neue kommunale Verwaltungsstrukturen sollten der stark veränderten Situation Rechnung tragen.

Berlin schied nach dem Überschreiten der Millionengrenze als selbständiger Stadtkreis zum 1. April 1881 aus der Provinz Brandenburg. 10 Jahre später scheiterten administrative Veränderungen gerade an der Sturheit dieses Berliner Stadtorganismus, der sich Vororte oder umliegende Siedlungsbereiche aus finanziellen Mehraufwendungsgründen nicht aufhalsen lassen wollte. Diese außen Vorgelassenen reagierten und rückten ihrerseits stärker zusammen, indem sie kommunale Aufgaben in Form von Zweckverbänden zu lösen begannen, seit 1911 geregelt durch ein preußisches Zweckverbandsgesetz. Gleichzeitig erließ die Staatsregierung ein solches für Groß-Berlin, in dem die Landkreise Niederbarnim und Teltow sowie die Städte Berlin, Charlottenburg, Lichtenberg, Rixdorf-Neukölln, Schöneberg, Spandau und Deutsch-Wilmersdorf zusammengefaßt waren. Wie rief ein eine diese Entwicklung Mißbilligender bei der Grundsteinlegung des Spandauer Rathauses: *Mög' schutzen uns des Kaisers Hand, vor Groß-Berlin und Zweckverband!* Genützt hat der kernige Spruch des Spandauer Stadtverordneten nichts, der Zweckverband Groß-Berlin erlangte am 1. April 1912 Gesetzeskraft. Unter den Gemeinden, die dem Verband als selbständige Glieder angehörten, nennt das Gesetz auch Pankow. Der Zweckverband sollte die Nahverkehrsverhältnisse regeln, eine Beteiligung an der Feststellung der Fluchtlinien und Bebauungspläne für das Verbandsgebiet ermöglichen und vor allem die Erwerbung und Erhaltung größerer, von der Bebauung freizuhaltender Flächen leisten. Ineffektiv war auch die Existenz von 17 eigenständigen Wasser- und 45 Gas- und Elektrizitätswerken – der Zweckverband kam hier jedoch zu keiner Lösung.

Am 26. August 1910 schrieb der Oberpräsident der Provinz Brandenburg an den Magistrat in Berlin, *daß folgende Vorortgemeinden die Genehmigung erbeten haben, ihnen zu gestatten, das Wort „Berlin" vor ihren Ortsnamen voransetzen zu dürfen.*[42] Schöneberg argumentierte, es gäbe 12
Orte in Preußen, die so hießen, Lichtenberg zählte 15 gleichnamige
Ortschaften, 32 im Deutschen Reich, selbst Wilmersdorf bot noch acht.
Das war bei Pankow und Niederschönhausen schlechterdings kein Ar-
gument. Heinersdorf, das zunächst zum Verwaltungsbezirk Pankow
gehörte, machte geltend: *Mit Rücksicht auf die große Nähe zur Reichshauptstadt, die wirtschaftliche Einheit, die unser Ort mit Berlin bildet und die
Zugehörigkeit Heinersdorfs zum postalischen Gross-Berlin, dürfte die Bezeichnung mit „Berlin-Heinersdorf" als geeignetste zu betrachten sein.*[42] Der Magistrat lehnte ab. Wenn überhaupt, dann wäre zum Beispiel im Falle
Tegel die Bezeichnung Tegel-Berlin besser als Berlin-Tegel, weil Tegel
und nicht Berlin gemeint sei. Straßen stimmten vielfach überein, und
es käme zu Verwechslungen. Auch bei diversen Firmen, die außerhalb
der Reichshauptstadt ihre Werke hatten, in Berlin aber ihre Geschäfts-
stellen, um als Berliner Firmen zu gelten, machte sich eine Vereinigung
der Orte mit Berlin erschwerend bemerkbar. Der Kaiser, in Personal-
union auch preußischer König, hebelte den Berliner Magistratsbe-
schluß aus: *des Königs Majestät haben mittels allerhöchstem Erlaß vom
8. Januar 1912 zu genehmigen geruht,* 3 Stadtgemeinden, 25 Landgemeinden und einem Gutsbezirk diese Vorsetzung des Wortes Berlin zu
erlauben.[42] Am 1. April trat er in Kraft und galt für 6. Heinersdorf, 8.
Niederschönhausen, 10. Pankow und 12. Rosenthal, nachträglich übrigens auch für Französisch-Buchholz, das fortan Berlin-Buchholz hieß
und somit des Französischen endgültig verlustig ging.
Nach dem Ersten Weltkrieg schnürten die Verantwortlichen immer
konkreter das neue Groß-Berlin-Paket. Protest regte sich im Umland,
nachdem der Vorschlag öffentlich wurde, denn die Zahl derjenigen,
die – schon ins Auge gefaßt – nicht mehr eingemeindet werden
wollten, war geringer geworden. Dafür drängelten sich andere danach,
unbedingt berücksichtigt zu werden. Aus diesem Grund fand am 29.
April 1919 im „Groll'schen Saale" eine Versammlung der Einwohner
von Gemeinde und Gutsbezirk Buch statt. Die Protestler saßen nicht
beieinander, um nur ihr Befremden zu bekunden, bisher keine Berücksichtigung gefunden zu haben, nein, sie trugen gewichtige Gründe zusammen, warum die Eingemeindung vorgenommen werden sollte.
*Durch den neuen Ortsteil aber, in dem sich viele in Berlin selbst oder in den
Berliner städt. Betrieben in Buch beschäftigten Arbeiter, Handwerker und Be-*

amten angesiedelt haben, durch die großen Anstalten, die städtischen Betriebe und den Zentralfriedhof hat gerade Buch eine erhebliche Bedeutung für Berlin und grosstädtischen Charakter erhalten. Das Szenario der Versammelten lief darauf hinaus, daß *8.000 Seelen ... der Vorteile der sozialen Maßnahmen und guten Verkehrsverhältnisse, u.a.m. verlustig gehen* werden. *Infolge der vielen Angestellten in den riesenhaften Berliner Anstalten und Betrieben ist naturgemäß ein ganz besonders starker Wechsel von zu- und abziehenden Personen zu verzeichnen. Dadurch ergeben sich in steuerlicher und armenrechtlicher Hinsicht, aber auch in Bezug auf die Lebensmittelversorgung und im polizeilichen Interesse kaum noch zu bewältigende Arbeiten und Schwierigkeiten mit den verschiedensten Gross-Berliner Gemeindebehörden. Grosse Summen ließen sich an Beamtenbesoldung und Steuerverlusten ersparen,* heißt es weiter. Und zum Schluß, quasi als Trumpfkarte der Befindlichkeit schlechthin: *Berlin dominiert in Buch: Wie bei den angeführten Punkten ist in allen Fällen das ganze Leben in Buch mit Berlin verquickt. Die Bucher Interessen sind Berliner Interessen. ... Aber auch auf Gebieten rein rechtlicher Natur ergeben sich Schwierigkeiten, die nicht zu überbrücken sind, weil das seiner ganzen Natur nach Berlin gehörende Buch noch nicht eingemeindet ist. Die Bucher Bevölkerung erwartet daher, dass Buch dem neuen Gross-Berlin einverleibt wird und richtet deshalb an den Magistrat Berlin die dringende Bitte, das Erforderliche zu veranlassen.*[43]

Das Erforderliche ist veranlaßt worden. Die Einteilung in 10 Kreisstädte kam zwar nicht durch, aber Buch war im Rennen. Im Protokoll einer Sitzung der Großen Deputation vom 5. Juli 1919 heißt es, beabsichtigt sei, ungefähr eine 15 km-Zone zu ziehen. *Im Norden könne man vielleicht noch Blankenfelde und Schildow, neben Buch auch noch Hobrechtsfelde hinzuziehen.*[43] Blankenfelde war schließlich drin, Schildow und Hobrechtsfelde blieben draußen. Buch hatte es letzlich geschafft und gehört seit 1920 zu Berlin. Der Ort ist der nördlichste Zipfel der Berliner Landkarte geworden und heute das einzige Stadtgebiet, das außerhalb des Autobahnringes der A 10 liegt. Dafür blieb nach einem Protokoll über die Eingemeindung vom 6. März 1919 für Oberbürgermeister Wermuth zum Beispiel zweifelhaft, ob Buchholz nach Groß-Berlin gehöre. Auch hier ist bekanntlich zugunsten der Gemeinde entschieden worden. Niederschönhausen geriet nie aus dem Blickfeld, dafür in folgende Schußlinie. Es hatte *fast alle Bürohilfskräfte als Beamte angestellt und die älteren Bürokräfte ohne Prüfung zu Gemeinde-Sekretären ernannt.*[43] Im Hinblick auf die Eingemeindung waren nicht nur in Niederschönhausen, sondern auch in anderen Vorortgemeinden Beschlüsse gefaßt worden, die

Groß-Berlin finanziell belasten würden, stellte der Magistrat fest. Der kluge Mann beugt vor, und so häuften sich die Fälle von Beamtenbeförderung, die über die planmäßige hinausgingen.

Nach all dem, was im Vorfeld diskutiert, verworfen und kritisiert worden war, kam die Anstrengung zu einem Ende und ging als Nr. 11882 vom 27. April 1920 in die Preußische Gesetzsammlung ein: Der 19. Verwaltungsbezirk hieß Pankow und hatte nach dem Stand der letzten allgemeinen Volkszählung vom 8. Oktober 1919 insgesamt 94.656 Einwohner. Wie unterschiedlich der Bevölkerungsanteil in den ehemaligen Dörfern gewesen ist und damit der Grad der Verstädterung, zeigt die nachfolgende Tabelle[44], in der die „Nicht-Dörfer" Nordend (800 Einwohner), Schönholz (350) und Wilhelmsruh (3.600) fehlen (Landgemeinde LG/Gutsbezirk GB).

Blankenburg	1.317	davon	1.161 LG / 156 GB
Blankenfelde	909	davon	549 LG / 360 GB
Buch	6.479	davon	3.917 LG / 2.562 GB
Buchholz	4.905		
Heinersdorf	1.006		
Karow	949		
Niederschönh.	19.275	davon	18.913 LG / 362 GB
Pankow	57.962		
Rosenthal	1.854	davon	1.725 LG / 129 GB

Ende der 20er Jahre blies dem Groß-Berlin-Gesetz Wind ins Gesicht, denn in den Kreisen Niederbarnim, Teltow und Osthavelland gab es eine „Los-von-Berlin-Bewegung". Der Kreisausschuß von Teltow stellte an den Preußischen Landtag im April 1930 einen Antrag auf Regulierung der Grenzen mit der Stadt Berlin. Die Morgenausgabe des „Berliner-Börsen-Courier" vom 31. Juli enthielt den neuesten Vorschlag: 12 Kilometer um den Dönhoffplatz. Da wäre es für einige Teile Pankows ziemlich eng geworden. Andere Stimmen sprachen sich eher für eine Ausdehnung von Groß-Berlin auf einen Radius von 30 Kilometern aus und führten entsprechende Argumentationen im Gepäck. Bernau selbst bemühte sich schon 1919 um die Eingemeindung, weil privater und städtischer Besitz aus und von Berlin es umschlossen.

Einzelne Eingemeindungsbemühungen gab es in den 20er Jahren häufig. Der Bürgermeister von Pankow, befragt, ob das Gut Hobrechtsfelde zu berücksichtigen sei, antwortete im Juni 1927: *Die Bezirksverwaltung hat keinen Nutzen von der Zugehörigkeit des Gutes zum Stadtgebiet. Sie würde wahrscheinlich nur Lasten zu übernehmen haben.*[45] Der 19. Verwaltungsbezirk wurde vorerst nicht größer.

Was während des Nationalsozialismus innerhalb Berlins an Grenzänderungen erfolgte, geschah, wie es Reichsluftfahrtminister Göring formulierte, im Sinne einer stärkeren Berücksichtigung strategischer Gesichtspunkte. Der Bezirk Pankow verlor 1938 die Gebiete westlich vom S-Bahnhof Wollankstraße an Wedding, bekam aber Wilhelmsruh von Reinickendorf zugesprochen; im Süden, zum Bezirk Prenzlauer Berg, waren die Veränderungen hingegen geringfügig. Hobrechtsfelde blieb weiterhin und bis zum heutigen Tag draußen.

Das rote Rathaus

Der Hauptsitz des Bezirksamtes Pankow von Berlin ist das stattliche Rathaus in der Breiten Straße. Als es in Auftrag gegeben wurde, dachte noch niemand an höhere Aufgaben oder die Zugehörigkeit zu Berlin. Nicht nur die Bevölkerungszahl schnellte immens nach oben, auch Art und Umfang der Verwaltungsaufgaben nahm zu. Das Jahr 1892 hatte einen eigenen Amtsbezirk Pankow gebracht, in dem um die 8.000 Seelen lebten, wie es damals umgangssprachlich hieß. Der im Mai gewählte Amtsvorsteher Richard Gottschalk erlebte bis zu seiner Amtsniederlegung 1906 den Anstieg der Einwohnerzahl auf 30.000. Die veränderte Situation entsprach keineswegs dem alten dörflichen Beamtentrott und stand im Widerspruch zur Erscheinung des kleinen eingeschossigen Amtsgebäudes im östlichen Teil des Angers, Höhe Eintrachtstraße.

Das alte Pankower Amtsgebäude (rechts) genutzt bis zum Rathausneubau 1903

75

Mit den Veränderungen stieg das Selbstbewußtsein, daß seinen Ausdruck in einer adäquaten Unterbringung des Amtes finden wollte. Von der Grundsteinlegung am 12. Juli 1901 bis zur feierlichen Einweihung am 18. April 1903 kam der Neubau am westlichen Angerrand zügig zustande, der schon ab Oktober 1902 partiell bezogen werden konnte, sowohl was den Umzug der ersten Beamten, als auch den Einzug des Bürgermeisters in seine Dienstwohnung im ersten Obergeschoß betraf. Ein Ratskeller gehörte natürlich in alter Tradition dazu. Und selbstverständlich trug die erste Seite im Ratskellerbuch eine Eintragung des Bürgermeisters: *Nach des Tages Last und Müh' / Ich in „Fischers Hütte" zieh', / Trinke meinen Schoppen froh, / Bürger macht es ebenso!*
Dieser Rathausbau eignete sich 1920 bestens zur Aufnahme der Verwaltung des 19. Bezirkes der Reichshauptstadt. Summarisch der vierte Rathaus-Neubau in einem Vorort von Berlin, folgten bis in die Zeit des Ersten Weltkrieges hinein 13 weitere. Der rote Pankower Backsteinbau von Franz Wilhelm Johow ist vielleicht sogar einer der schönsten. In den 20er Jahren wurde ein Erweiterungsbau erforderlich, der mit weinrötlicher Klinkerverblendung rechterhand zur Neuen Schönholzer Straße gesetzt wurde.
Der Ortsteil Niederschönhausen begann fünf Jahre nach Vollendung des Pankower Rathauses mit dem Bau eines eigenen an der Dietzgenstraße. Seiner Funktion durch die Schaffung der 19. Verwaltungseinheit von Berlin beraubt, erfolgte die Übernahme in Form der Schulnutzung, die wiederum Um- und Erweiterungen erforderte.

Hin, durch und weg – Verkehr

In den Berliner Norden zu gelangen, war vor ein, zwei Jahrhunderten keinesweg beschaulich, eher beschwerlich und, aus heutiger Sicht, zeitraubend. *Pankow, ein Dorf an der Panke, 1 Meile von Berlin ... Schönhausen oder Niederschönhausen ... Eine Allee von ungemein schönen hohen Linden und Buchen führet aus dem nahegelegenen Dorfe Pankow dahin.*[46] Wie gelangte der Einheimische oder Reisende ans Ziel? Im Zweifelsfalle zu Fuß. Wer heute vom Berliner Schloßplatz nach Pankow-Kirche läuft, braucht im Schnitt anderthalb Stunden – und das ohne Formalitäten beim Passieren eines Stadttores.
Daß es in Alt-Berlin eine Pankowsgasse gab, die die „Heilige Geiststraße" mit der noch vorhandenen „Spandauer Straße" verband, hatte sehr wenig mit einem Richtungshinweis nach Pankow zu tun, wie etwa

Pferdestraßenbahn in der heutigen Ossietzkystraße, um 1900

im Falle der in der Nachbarschaft gelegenen Rosenthaler Straße. Wenn Friedrich Nicolai die Gasse im 18. Jahrundert mit 140 Schritten und 13 Häusern beschreibt, blühen allerlei romantische Gedanken. Das „s" zwischen Pankow und Gasse verrät, daß hier ein Mensch im Spiele war, zwei sogar: Johann und Thomas Pankow. Vater und Sohn praktizierten als Ärzte und bewohnten eines der wenigen Häuser in der Gasse.

Sicherstes Indiz für den bevorzugten Weg nach Pankow ist die seit 1750 so bezeichnete Alte Schönhauser Straße, die zuvor Pankower Straße hieß. Sie endete im frühen 18. Jahrhundert an der Stadtgrenze, ihre Verlängerung führte etliche Namen: Weg nach Pankow, Chaussee nach Niederschönhausen oder Pankower Chaussee. Seit 1841 ist Schönhauser Allee verbindlich. „Dort laß dich *nieder*, da kannst du *schön hausen*." Wie dem auch sei, an Pankow kam keiner vorbei, sondern allzeit hindurch. Nur wie hin? Der immer wieder gern zitierte Fontane erlebte dies 1860 so: *Zwei Meilen nordöstlich von Berlin liegt das Dorf Buch ... Einer unserer Lustgarten-Omnibusse führt den Reiselustigen über Pankow und Schönhausen, dessen Villen und Gärten wie im Fluge mitgenommen werden, bis nach Französisch-Buchholz, von wo aus das Wandern beginnt und die Füße das Beste tun müssen.*[47] Omnibus – ein Wagen für alle. Leider nur für viele, denn alle konnten sich einen solchen Luxus nicht leisten. Sie haben aus finanziellen Gründen, im Gegensatz zum Städter Fontane, der *in jenem stolzen Wandergefühl, das sich nach Strapazen sehnt*, einen Teil des Weges per pedes nimmt, den Omnibus verschmäht. Wer Glück hatte, konnte auf einem Bauerngefährt mitfahren, das zum Dorf Pankow oder andernorts zurückkehrte.

Mit dem Ausflugsverkehr entwickelten sich auch die zukünftigen Berliner Nahverkehrsmittel Bus und Straßenbahn, zunächst noch Pferdeomnibus und Pferdebahn geheißen. Als Fontane reiste, gab es gut 350 Pferdeomnibusse, die den Verkehr aus Berlin ermöglichten, aber später nach Berlin zurückgezogen wurden und ausschließlich dort verkehrten, als sich die Pferde-Straßenbahn immer stärker bewährte. Im Mai 1881 fuhr die erste „Elektrische Eisenbahn" von Werner von Siemens in Lichterfelde bei Berlin. Ihre Betriebs- und Wagenbauart erlaubt eine Zuordnung als Straßenbahn, mit Strom versorgt wurde sie durch die Fahrschienen. Das nachfolgende Stromzubringersystem elektrischer Oberleitungen mit Bügelstromabnehmer fand auch bei der 1895 zwischen Gesundbrunnen und Pankow in Nutzung gehenden Straßenbahn Anwendung, zu diesem Zeitpunkt erreichte der öffentliche Verkehr den aufblühenden Vorort Pankow. Die Straßenbahnpioniere Siemens und Halske hatten die Strecke selbst gebaut. Eine Erfolgsmeldung des Jahres 1902 verkündete die vollständige Elektrifizierung der Straßenbahn. Von und nach Pankow fuhren mittlerweile fünf Linien, eine Omnibuslinie gab es nicht mehr. Nach Gründung des 19. Verwaltungsbezirkes führten zwei Buslinien über die Wollankstraße und Schönhauser Allee nach Pankow, in der Hauptsache aber wurde im letzten Drittel des 19. Jahrhunderts auf die Schiene gesetzt. Das erste Schienenverkehrsmittel in diese Gegend war jedoch nicht die Straßenbahn.

In den Jahren der Gründungsphase privater Eisenbahngesellschaften, die ihre Verbindungen von und nach Berlin bauten, schrammte eine solche Linie auch scharf an Pankow vorbei. Die Berlin-Stettiner-Eisenbahn führte seit 1842 vom nördlichen Rand der Berliner Stadtgrenze südöstlich am alten Dorf ihre Verbindung zur Ostseeküste entlang. Was der Bauer nicht kennt, das schmeckt ihm zunächst auch nicht; Eisenbahnen waren damals schwer verdauliche Kost. Das ländliche Transportmittel Fuhrwerk geriet in Gefahr. Eine Haltestelle südlich vom Dorfanger kam nicht zustande – vielleicht auch um es unliebsamen Elementen schwerzumachen, zügig nach Pankow zu gelangen.

Nach der Proklamation des Deutschen Reiches im Jahre 1871 setzte der Gründerzeitboom gigantische Spekulationen in Gang, auch im Eisenbahnwesen. Ein Jahr nach der Reichsgründung startet der Bau der Nordbahn. Über Neustrelitz galt es mit der Hansestadt Stralsund eine Verbindung herzustellen, die schon während der ersten Bahn-Gründungswelle 1844 im Gespräch gewesen war. Noch ehe ein Zug in Stralsund einfuhr, meldete die Berliner Nordeisenbahn-Gesellschaft Konkurs an. Der preußische Staat sprang 1875 ein und vollendende bis

1877 die Strecke. An der Nordbahn entstanden Haltepunkte mit weitreichender Bedeutung für die Entwicklung der umliegenden Orte, so ein erster für Pankow, der heute durch den S-Bahnhof Wollankstraße markiert wird. Auch das zu Niederschönhausen gehörende Schönholz bekam eine gleichnamige Haltestelle. Selbst nach Rosenthal gelangte der Fahrgast von einer Bahnstation, dem späteren S-Bahnhof Wilhelmsruh. Nur der Kopfbahnhof der Nordbahn an der Bernauer Straße kam für Personenzüge nicht mehr in Frage; der Stettiner nahm die Kapazität auf.

Erst jetzt regte es sich an der Stettiner Bahn. Die Dörfler waren auf den Geschmack gekommen, selbst Niederschönhausen engagierte sich. Der Gemeindevorstand richtete im Januar 1881 seine Bitte an den Kreis-Ausschuß von Niederbarnim, in folgender Sache die Zustimmung nicht zu verweigern: Der Ort strich durch einen Verkauf vom Berliner Rentier Adolph Barth 300 Mark für die ehemalige Baumschule ein und gedachte diese *als Beitrag zur Herstellung des Stations-Gebäudes, für eine Halte-Stelle bei Pankow, seitens der Stettiner Eisenbahngesellschaft im Communikationsinteresse zu verwenden.* Der Ausschuß erteilte der Veräußerung des Grundstücks – auf dem festen Boden von Recht und Ordnung – *auf Grund des § 43 No. 1 des Zuständigkeitsgesetzes vom 26. Juli 1876* seine Genehmigung ebenso wie der für die Verwendung des Geldes.[48]

Die erste elektrische Straßenbahn Gesundbrunnen – Pankow 1895

Verbuchen wir den Bau mit Zugang von der Berliner Straße als Anschubfinanzierung; immerhin hieß die Station „Pankow-Schönhausen". Der Zusatz „Schönhausen" verschwand 1953. Galten einst die Ausflugs- und Vergnügungsorte Schönholz und Pankow schon als weitgestecktes Ziel, so brausten jetzt Jahr für Jahr immer mehr Reisende am zukünftigen nördlichen Berliner Bezirk vorbei in den Urlaub. Die Ostsee trat in Konkurrenz zum Harz. Andererseits ließ die Zunahme des Vorortverkehrs manch einen mehr nach Pankow kommen und ziehen. Aufschwung Nord. Die Bahnlinien mußten angehoben werden, denn der ansteigende Verkehr auf den Straßen wollte flüssig gehalten sein. Den Zugang zum Bahnhof „Pankow-Schönhausen", der ein neues Stationsgebäude erhielt, verschwenkten die Verantwortlichen an die Florastraße, wo er sich heute noch befindet.

Nach den großen Bahnlinien kamen die kleineren, die ihre Fühler ebenso in den Norden ausstreckten. Es galt, das vorhandene Netz der großen Linien durch Nebenstrecken zu verdichten. Das Umland von Berlin streckte sich, der Faktor Zeit bestimmte immer stärker das Leben, und dazu gehörte auch die schnellere Erreichbarkeit diverser oder abgelegener Orte. In Industriebetriebe und Fabriken zu gelangen oder deren Anlage erst zu ermöglichen, spielte dabei eine ebenso große Rolle, wie dem „Tourismus" zum Aufschwung zu verhelfen. Mit der sogenannten „Heidekrautbahn" schuf sich der Landkreis Niederbarnim seine erste eigene Eisenbahnlinie. Nachdem am 13. Juni 1901 ein Pressezug auf die Reise geschickt worden war, stand einen Tag später in der Morgenausgabe vom „Berliner Tageblatt": *Zu den noch unaufgeschlossenen Landstrichen gehört unsere Mark Brandenburg... Wir kommen schneller nach Dresden oder Hamburg ... Bis Reinickendorf-Rosenthal benutzt man einen Vorortzug der Stettiner Bahn. Von hier beginnt die Nebenbahn, die normalspurig ist.* Will heißen einspurig. *Sie führt an dem stattlichen Dorf Rosenthal vorbei und an dem städtischen Rieselgut Blankenfelde mit seinem Rekonvaleszentenheim. Zur linken zeigt sich dann der beliebte Ausflugsort Lübars, dann folgt Schildow, das sich zur Villenkolonie auswachsen möchte.*[49] Da nicht nur Personen transportiert werden sollten, legte die Gesellschaft ein Übergangsgleis zur Preußischen Staatsbahn am Güterbahnhof Schönholz. 1905/06 hob man die Nordbahn auf einen Damm und mit ihr den Bahnhof, der mit „Wilhelmsruh" bezeichnet wurde und wird. Dieser Ort lag näher als Reinickendorf auf südwestlicher oder Rosenthal auf nordöstlicher Seite. Der dazugehörige Bahnhof der Nebenbahn verblieb auf Straßenniveau; nun war auch optisch der höhere Rang der Nordbahn sichtbar. Überhaupt entwickelte sich der gesamte Bahnhofskom-

Zugang von der Berliner Straße zum heutigen S-Bahnhof Pankow

plex zu einem Knotenpunkt des Verkehrs, zumal auch in der Nachbarschaft gelegene Betriebe bestens zu erreichen waren. Daran knüpften Verkehrsexperten ihre Überlegungen. Die GN-Bahn (Gesundbrunnen-Neukölln), heutige U-Bahnlinie 8, sollte keineswegs bei Wiederaufnahme der Arbeiten nach dem Ersten Weltkrieg am Bahnhof und Verkehrskreuz Gesundbrunnen enden, sondern gleich nach Norden, unter der Nordbahn hindurch, am Bahnhof Wilhelmsruh ankommen. Da elektrischer Betrieb die U-Bahn auszeichnete, sollte eine strombetriebene „Heidekrautbahn" die Verlängerung des Zugbetriebes bis an beide nördliche Endpunkte ermöglichen. Eine Verlängerung der U8 nach Süden und damit der Übergang von der Untergrundbahn zur Mittenwalder Bahn schien 1919 ebenso sinnvoll. Von Mittenwalde über die Berliner U-Bahnlinie 8 und den Bezirk Pankow bis Liebenwalde oder Groß Schönebeck. Welch ein Projekt! Allein es mangelte auch da am Geld.

Eine Bahnstrecke, die ausschließlich dem Güterverkehr diente, ist mittlerweile längst vergessen, ja innerhalb des Pankower Bezirkes nicht einmal mehr existent. Sie führte von Tegel nach Friedrichsfelde/Lichtenberg. Der Kreis Niederbarnim leistete sich als Erbauer und Eigentümer nach der Heidekrautbahn eine Industriebahn, die am 31. Oktober 1908 in Nutzung ging, just am Tag der Eröffnung des Tegeler Hafens. Die nebenbahnähnliche Kleinbahn fuhr, von Westen kommend, über die Güterbahnhöfe Rosenthal, Nordend und Französisch-

Buchholz weiter zum Endpunkt der Strecke . Vor dem Bahnhof Buchholz zweigte ein Nebengleis zum Güterbahnhof Niederschönhausen an
der Buchholzer Straße ab, wo heute noch ein Gewerbegebiet existiert.
Der Mauerbau bedingte nachfolgend die Einstellung des Streckenbe-
triebes im Gebiet des heutigen Bezirks. Wer von Rosenthal die Mönchmühler Straße nach Blankenfelde entlangholpert, überfährt noch zwei
Schienenstücke im Kopfsteinpflaster, und die Kleingartenanlage heißt
„Auf dem Bahndamm" – mehr ist nicht geblieben. Die Industriebahn
erlebte übrigens Mitte der 20er Jahre die Übernahme durch die Heidekrautbahn. Damit entstand die „Niederbarnimer-Eisenbahn-Aktien-
gesellschaft", die sogar eine eigene Krankenkasse aufbaute.
Nicht nur die wachsende Metropole, sondern auch die aufblühenden
Orte außerhalb Berlins interessierte der Ausbau des Vorortverkehrs.
1891 konnte ein entsprechender Tarif bei der Eisenbahn eingeführt
werden. Zunächst fauchten Dampflokomotiven durch Stadt und Landschaft. 1903 startete der erste elektrische Betrieb mit Gleichstrom vom
Potsdamer Ringbahnhof nach Lichterfelde Ost. Zehn Jahre später beschloß der Preußische Landtag ein „Gesetz über die Umstellung der Berliner Stadt-, Ring- und Vorortbahnen auf elektrischen Betrieb". In den
20er Jahren, Groß-Berlin war gegründet, wurden Gleichstrom und seit-
liche Stromschiene als besonders effizient empfohlen, und die großan-
gelegte Realisierung begann. Der 19. Verwaltungsbezirk profitierte er-
heblich und frühzeitig davon. Der erste Gleichstrom-Zug fuhr am
8. August 1924 vom Stettiner Bahnhofsgelände über die Station
Pankow-Schönhausen nach Bernau. Dieser Stettiner Vorortbahnhof an
der Zinnowitzer Straße ist sogar noch vorhanden. Erst mit dem Bau der
Nord-Süd-Bahn hielten die Züge 1936 im Tunnel unter dem großen
Stettiner Bahnhof. Am 5. Juni 1925 ging der erste Zug zwischen Gesundbrunnen und Birkenwerder über den heutigen S-Bahnhof
Wollankstraße auf die Reise. Auf der Strecke von Schönholz nach Velten
wurde am 16. März 1927 der elektrische Regelbetrieb aufgenommen.
Nach der begonnenen Umstellung auf Strombetrieb erhielt das gesamte
Netz am 1. Dezember 1930 das Kürzel „S-Bahn". Die Vereinheitlichung
zur Stadtschnellbahn fand auch im neuen Logo, dem weißen „S" auf
grünen Grund, seinen Ausdruck.
Das U-Bahnnetz bekam ebenfalls ein neues Logo: das weiße „U" auf
blauem Grund. Zu diesem Zeitpunkt hatte die Linie A (U2) bereits den
Untergrundbahnhof Pankow erreicht, deren Station durch die Bezeichnung Vinetastraße näher verortet wurde. Seit dem 29. Juni 1930 fuhren
die U-Bahnen über die Station Nordring – seit dem 1. Februar 1936

Schönhauser Allee geheißen – weiter in den 19. Verwaltungsbezirk, wobei jedoch der Haltepunkt keineswegs Endstation sein sollte, sonst hätte eine Verlängerung als Hochbahn ausgereicht. Das Abtauchen in den Untergrund war bereits der geplanten Weiterführung über den S-Bahnhof Pankow-Schönhausen hinaus geschuldet, der schwer zu überqueren gewesen wäre. Die im April 1929 genehmigte Trasse reichte bis an die Panke heran und sollte vom S-Bahnhof schnurgerade in die heutige Ossietzkystraße über den dort gelegenen Endbahnhof „Breite Straße" eingefädelt werden. Doch mit der Vollendung einer Kehranlage für acht Achtwagenzüge, die an der Masurenstraße ihren nördlichsten Punkt erreichte, endete die Realisierung 1930 hinter dem U-Bahnhof Vinetastraße. Die Utopie einer Verlängerung keineswegs.

Mauerbau und Mauerfall

Kurz vor Anbruch des neuen Tages saßen U-Bahner aus Ost und West an der Endstation der Linie A beim Kaffee. Noch zeigte das Kalenderblatt den 12. August 1961, und bald war Feierabend. Der Dienst ging bis 01.30 Uhr. Von Pankow-Vinetastraße rollten die Züge alle 10 Minuten gen Ruhleben. Dort befand sich in unmittelbarer Nachbarschaft der Station Olympia-Stadion ein vor dem Ersten Weltkrieg begonnener und nach dem Krieg erweiterter Betriebsbahnhof. Nach Mitternacht schaute in Pankow-Vinetastraße überraschend der Ehemann einer Kollegin herein. Der Volkspolizist war zum plötzlichen Einsatz gerufen worden. *Die haben mich aus dem Bett geholt. Ich weiß nicht, was los ist, aber ich glaube, du siehst mich lange nicht wieder.* Alsbald trotteten oder fuhren U-Bahner nach Hause und trafen auf ihrem Weg zahlreiche Militärkolonnen in Bewegung. Am Morgen war es Gewißheit: Sie hatten den letzten U-Bahnzug nach West-Berlin geschen. Vom DDR-Verkehrsministerium kam durch Minister Kramer eine lapidare Erklärung: *Die U-Bahnzüge des im demokratischen Berlin gelegenen Teils der Linie A beginnen und enden für den öffentlichen Verkehr auf dem Bahnhof Thälmannplatz* (Mohrenstraße). *Der U-Bahnhof Potsdamer Platz wird für den öffentlichen Verkehr geschlossen. Diese Maßnahmen tragen vorläufigen Charakter und bleiben in Kraft bis zum Abschluß eines Friedensvertrages.*[50]
Obwohl die Berliner Verkehrsbetriebe in punkto Untergrundbahn seit dem 1. August 1949 gespalten waren, wurden die Ost-Waggons der U-Bahn-Kleinprofillinie A in der West-Werkstatt Grunewald gewartet und repariert. Dieser Zugriff blieb nach dem Mauerbau fortan versperrt.

Die Sektorengrenze zwischen Wedding und Pankow wurde 1961 zur Staatsgrenze: S-Bahnhof Wollankstraße

Der einzige nun noch nutzbare Betriebsbahnhof für U-Bahnen lag am Ende der nur im Osten verkehrenden Linie E in Friedrichsfelde, hinter dem gleichnamigen U-Bahnhof, jedoch ausschließlich für Großprofilwagen. Die Großprofile haben zwar die gleiche Spurbreite wie eine Kleinprofilstrecke, aber einen größeren Wagenkasten. Als hätten einige Planer weit vorrausgeschaut, feierten die östlichen Verkehrsbetriebe am 18. Februar 1952 das 50jährige U-Bahnjubiläum mit der Inbetriebnahme eines Verbindungstunnels zwischen den Linien A und E, den einzigen beiden Strecken, die nach dem Mauerbau für Ost-Berlin erreichbar blieben. Die Verlängerung der Linie E ins Neubaugebiet Hönow verschlechterte in den 80er Jahren die Position der Kleinprofillinie A im Betriebswerk Friedrichsfelde, weil der Fuhrpark der Linie E anwuchs. So beschloß der DDR-Ministerrat am 11. Dezember 1986 die Errichtung einer Abstellanlage für 144 Kleinprofilwagen und eines Instandhaltungskomplexes neben dem Rangierbahnhof Pankow am Ende der Linie A – im 40. Jahr der DDR sollte es richtig losgehen. Die Berliner Mauer fiel, und die Errichtung eines solchen Komplexes an der Pankower Granitzstraße erschien nicht mehr nötig. Mit dem Tunnel, unter der Berliner Straße bis an den S-Bahnhof Pankow herangeführt, wurde eine Abstellkapazität für 112 Waggons geschaffen, realisiert bis zur Eröffnung der Linie U2 (ehemalige Linie A) am 13. November 1993. Die Streckenerweiterung nach Norden hingegen ruhte vorerst. Als die Arbeiten zur Verlängerung der U2 zum neuen Kreuzungspunkt am S-Bahnhof Pankow 1997 begannen, regte sich Widerstand; Verkehrsexperten hielten den Schnittpunkt am Bahnhof Pankow für wenig sinnvoll, da Straßenbahn- und Buslinien vom U-Bahnhof Vinetastraße hierher führen. Die Bezirksverwaltung hielt dennoch an ihrem Vorhaben fest. Noch vor der Jahrhundertwende soll der U-Bahnbetrieb aufgenommen werden.

Die Konsequenzen, die sich aus dem Mauerbau für den S-Bahnbetrieb ergaben, waren für die Pankower dramatisch. Die S-Bahnhöfe Wilhelmsruh, Schönholz und Wollankstraße fielen dem Mauerbau gänzlich zum Opfer und damit die Verbindungen Richtung Oranienburg, nach Velten, zur Ringbahn und ins Zentrum Ost-Berlins über Gesundbrunnen. Wer nach Oranienburg, Velten oder Henningsdorf wollte, konnte den seit 1958 betriebsbereiten Berliner Außenring benutzen; ab 1961 gab es nur noch diese Möglichkeit. In puncto Heidekrautbahn standen die Zeichen nicht besser. Zwischen S-Bahnhof Wilhelmsruh und Blankenfelde stellte die Bahn den Betrieb ein und riß den Bahnhof Wilhelmsruh ab. Am ersten Weihnachtsfeiertag des Jahres 1952 hatte man – als Ersatzlösung gedacht – einen Streckenneubau zwischen Schönhauser Allee und Pankow eröffnet, der in den Folgejahren weiter ausgebaut und nach dem Mauerbau ausschließlich genutzt wurde. Dennoch, über Nacht hatten die Pankower ihre günstigen S-Bahnverbindungen verloren. Die S-Bahnhöfe Wilhelmsruh und Schönholz, direkt an der Mauer gelegen, gehörten territorial zu West-Berlin und konnten nur von West-Berlinern benutzt werden. Die Reichsbahn, unter deren Regie die S-Bahn stand, führte einen „Mauergeschädigtenfahrschein" ein: Sie gab S-Bahn-Monatskarten von Wilhelmsruh nach Friedrichstraße aus, obwohl das eine „Weststrecke" war. Tatsächlich gefahren sind die Wilhelmsruher durch Ost-Berlin mit Bus und Straßenbahn, was mehr Zeit in Anspruch nahm und eigentlich auch mehr gekostet hätte. Die Bahnhöfe Wollankstraße und Bornholmer Straße lagen im Ostteil, aber kein Ost-Berliner konnte sie betreten. Bornholmer Straße wurde für in Gänze geschlossen, Wollankstraße nur für Ost-Berliner, jedoch mit dem Hinweis versehen: *Achtung! Demarkationslinie zum Sowjetsektor. Dieser Eingang und der Bahnhof liegen im Sowjetsektor.* So verwunderte dort auch nicht die „Interflug"-Werbung des Flughafens der Hauptstadt der DDR, Berlin-Schönefeld. Diesen Bahnhof für Ost-Berliner sofort nach dem Fall der Mauer zugänglich zu machen, war leicht realisierbar;

ein künstlicher Grenzübergang mußte bis zum Tag der Währungsunion passiert werden, erst dann war das Betreten des S-Bahnhofes möglich. Die Wiedereröffnung der Station Bornholmer Straße erfolgte am 22. Dezember 1990.

Die Einführung der neuen Währung in den Westsektoren führte schon 1948 zu Übergangsregelungen bei Bussen und Straßenbahnen und schließlich 1949 zur Spaltung der BVG. Die Straßenbahnlinien 23 von Rosenthal und 24 von Buchholz fuhren wie die 36 von Wilhelmsruh bis zum Mauerbau 1961 auch weiterhin in den Wedding, genauso die 35 von Wilhelmsruh bis zur Siemensstadt. Sektorenübergreifende Buslinien gab es von und nach Pankow nicht. Der direkte Verkehr mit der „Elektrischen" erledigte sich 1953 übrigens auf groteske Weise.

Die Gleichberechtigung der Frau fand im Osten auch in Form der Ausbildung weiblichen Straßenbahnpersonals seinen Ausdruck. Im Westen machte dies keinen Eindruck, im Gegenteil. Bei grenzüberschreitenden Verbindungen rasselte die Ost-Realität mit den West-Berliner Bedingungen zusammen, die solch einen Einsatz in der Männerdomäne regelrecht verbot. Die Folge: Verkehrsunterbrechung zwischen Ost und West wegen weiblichen Fahrpersonals, auf das der Osten nicht verzichten wollte. Die Linie 24 von Buchholz stellte wie die beiden Linien aus Wilhelmsruh ihren Betrieb völlig ein.

Von Garbáty und anderen – Industriegeschichten

Eine Malzfabrik

Daß Banken Grundbesitz erwerben, ist eine alte Mär. Daß der Ort Pankow vor 100 Jahren einige Quadratmeter zu bieten hatte, auch. So wurde ein Geldinstitut aus der Neuen Friedrichstraße 42 aktiv, das es genausowenig mehr gibt wie den nach Friedrich II. benannten Straßenzug. Die „GrundBank AG" sicherte sich 19 Parzellen; 1912 mit 104.881 Quadratmeter Größe angegeben. In der damaligen Maßangabe klingen 7.394,14 Quadratruthen erschreckend wenig. Rechts und links der Stettiner Bahn gehörten einige zusammenhängende Areale an der Brehmestraße und Florapromenade im Bereich der Maximilian- und Brixener Straße dazu. Eine zügige Bebauung folgte nicht sofort, teilweise erst in den späten 20er Jahren. Die bauverwaisten Grundstücke fielen einer großen Brauerei auf, die zugleich die Nr. 1 der Branche war: Schultheiß. Am 27. Januar 1914 wechselten 625 Quadratruthen Land zum Preis von 353.125 Reichsmark den Besitzer. Schultheiß gedachte, auf seiner Erwerbung an der Dolomitenstraße einen Verladebahnhof zu errichten, zumal eine Genehmigung zur Anlage eines Gleisanschlusses an den Güterbahnhof Pankow erteilt worden war. Der Zukauf für die Anfahrt zum Bahnhof an der Hauptverkehrsader Mühlenstraße wurde zu gleichen Kaufpreisbedingungen bis zum 31. März 1919 gesichert. Aufnahme und Bewältigung der umfangreichen Bahnexporte der Abteilung I, jenes von Franz Schwechten errichteten Komplexes der heutigen Kulturbrauerei an der Knaack-/Ecke Sredzkistraße im Prenzlauer Berg, rechtfertigten allemal einen solchen Verladebahnhof.
Jedoch der eigene Bahnhof kam nicht zustande. In einer betriebsinternen Mitteilung von 1937 heißt es, daß die Parzelle Mühlenstraße 25/Ecke Dolomitenstraße an den in Niederschönhausen wohnenden Architekten Werner Gaedeke verkauft wurde, da das Grundstück für den verfolgten Zweck nicht mehr zu verwenden sei. Dadurch konnte auch ein anderer Betriebsteil der marktbeherrschenden Schultheiß-Brauerei nicht vom eigenen Bahnhof profitieren. In der Ankaufbegründung hieß es nämlich noch, daß der Schienenort genauso *zum Be- und Entladen aller Wagenladungen (Gerste, Kohlen, Malzkeimen, Abfallgerste) unserer Malzfabrik* notwendig sei.[51] Dem Bier-Magnaten gehörten davon einige, auch die Malzfabrik in Pankow, die hier gemeint war. In der Florastraße läßt nur eine Hauslücke den Blick auf dieses Stück Industrie-

architektur zu, das durch Lüftungsrohre und Schornsteine noch die ursprüngliche Nutzung verrät. An der Neuen Schönholzer Straße stehen die Gebäudeteile der Mälzerei sehr dicht am Wege, von der Mühlenstraße her wird der Betrachter der Anlage vielleicht am günstigsten ansichtig.

Daß aus der kleinen Brauerei des Apothekers Prell einmal eine Aktiengesellschaft namens Schultheiß werden sollte, ist bekannte Geschichte, und das hat einen Vorteil. Ein solches Unternehmen ist den Aktionären auch Rechenschaft schuldig, nach jeder Saison werden die „Geschäfts-Abschlüsse" vorgelegt, und aus diesen Quellen kann einiges zum Werdegang der Mälzerei erschlossen werden. *Die von uns gepachtete Malzfabrik in Pankow, welche am 1. November vorigen Jahres dem Betrieb übergeben werden konnte, hat uns in den Stand gesetzt, schon in diesem Jahre den größten Teil unseres Bedarfs an Malz selbst zu fabrizieren,* heißt es im November 1875 im Geschäftsbericht der Direktion zum Betriebsjahr 1874/75 an die *Herren Actionaire.*[52] Die Pacht- und Betriebskosten betrugen 47.009,95 Reichsmark – ein üblicher Preis. Zwei Jahre später lag den Aktienbesitzern ein Kaufvertrag vor, um *von dem Rechte, die gepachtete Malzfabrik zu kaufen,* Gebrauch zu machen. Die südwestlich vom Dorfanger gelegene Fabrik war keineswegs leidliches Appendix der Brauerei, ihre Kapazität führte sogar dazu, daß die in der Neuen Jacobstraße 24-26/Schmidstraße 19-20 betriebene Mälzerei einging, was auch ein gut Teil an ihrem Alter lag. Doch nach Pankow mußte investiert werden, wodurch sich die Kosten vermehrten, einerseits durch erhebliche bauliche Veränderungen, andererseits durch eine teilweise veränderte Fabrikationsart.

Da sich die Fertigstellung der im Jahre 1885 errichteten neuen Mälzerei bis in den Spätherbst verzögerte, erfolgte die Inbetriebnahme erst am 3. Dezember. Wirtschaftlicher Nachteil: 18.400 Zentner fertiges Fabrikat mußten gekauft werden. Aber dann lief es in der Malzfabrik, nachfolgend auch das Bier. Der Aufschwung kam außerdem durch ein neues, nach Münchner Art gebrautes „Versandbier", das infolge einer neuen, vom Müncher Fabrikanten hergestellten Darre, durch die man aus Gerste ein anderes Darrmalz gewann, produziert werden konnte. Der Absatz des neuartigen „Versandbieres" nahm bedenklich zu: von 17.000 Hektolitern auf 32.000 innerhalb eines Jahres, das Jahr darauf schon 44.000, was eine zweite Münchner Darre vom System Reischl nötig machte. Das Bier mußte unter die Leute, sprich in den Mann. 1888 vermerkte die Aktiengesellschaft stolz, endlich ein den Münchner Bierschwemmen ebenbürtiges Ausschanklokal an der Nordostseite der

Die Willner-Brauerei an der Berliner Straße

Straßenkreuzung Friedrich-/Ecke Behrenstraße errichtet zu haben. Zwischen den dominierenden bayerischen Größen Augustiner-Bräu und Pschorr-Bräu der Berliner Lokal-Matador.

1899 erhöhte sich die Leistungsfähigkeit der Malzfabrik durch eine neue Darre, die fast 300.000 Zentner erbrachte. Da verblaßten die 25.000 Zentner verarbeitete Gerste der Anfangszeit. Pankow hatte seinen ersten großen Industriebetrieb, dank der 1864 erfolgten Übernahme der Brauerei von Jobst Schultheiß durch Adolf Roesike und dessen Sohn Richard, der den entscheidenen Kauf in Pankow initiierte und die Fabrik modernisierte. Viele Pankower fanden im Mälzereibetrieb, der den entscheidenden Grundstoff für das Brauen herstellte, Arbeit, andere zogen sogar deshalb hierher.

Für die seit dem 27. Mai 1871 bestehende Aktiengesellschaft war der Pankower Standort noch aus einem anderen Grund wichtig. Wie hieß es in einer späteren Werbung: Gesündester Vorort des Nordens. Der 1889 geplante Bau eines betriebseigenen Kinderheims konnte zwei Jahre später in Nutzung gehen. Pastor Elsässer vom Paul-Gerhard-Stift hielt die Festrede, es stellte schließlich die Schwestern für die soziale Einrichtung der Schultheiß-Brauerei. Die „Bestimmungen für die Aufnahme in das Kinderheim und den Aufenthalt in demselben" datieren vom 29. April 1891 und legten als Alterspanne 3 bis 12 Jahre für beiderlei Geschlecht fest, in Ausnahmefällen 12- bis 15jährige Mädchen. Neben dem Impfschein waren auch 6 Taschentücher, 3 Paar Strümpfe und eine Zahnbürste nebst sauberer geschlechtsspezifischer Bekleidung mitzubringen, aber bitteschön keinerlei Geld für die Kleinen und Größeren. Der Aufenthalt betrug drei bis vier Wochen, währenddessen Elternbesuche jeden Sonntag von 3 bis 6 und jeden Mittwoch von 3 bis 5 Uhr nachmittäglich möglich waren. Mahlzeiten gab es fünfmal täglich. Viele Kinder hatten das ansonsten nicht. Auch der Hinweis, *alle Kinder haben ein eigenes Bett,* zeugt nicht von Normalität in den Familien der Schultheiß-Arbeiterschaft. Die Nutzung des Hauses beschränkte sich ab Ende 1894 nicht mehr ausschließlich auf den Nachwuchs. Im Winter wurde es zu einem Erholungsheim für Erwachsene derart eingerichtet, daß die Arbeitnehmer der Brauerei nach überstandener Krankheit oder anderen Gründen der Erholung für mehrere Wochen Aufnahme finden konnten.[53]

Der Standort des „Kinderheims" wird heute an der Mühlenstraße 10 durch einen Kindergarten angezeigt. Der Erholwert ist allerdings durch die stark frequentierte Verkehrsader zunichte gemacht. Die Produktion in der Malzfabrik ruht schon seit den 30er Jahren. Die Bierproduktion in der näheren Nachbarschaft übrigens auch.

Brauereien

Weit ist es nicht über die Mühlenstraße zur Berliner, an der am Eschengraben ein verwinkelter, aus gelben und die Fassade rötlich strukturierenden Ziegeln errichteter Industriekomplex steht, der bessere und damit produktionsreichere Tage erlebt hat. Die Willner-Brauerei ist 1880 als Weißbierbrauerei gegründet worden und erfuhr erst 1935 die

Umwandlung in eine Aktiengesellschaft. Sie präsentierte sich 1890 beim X. Deutschen Bundesschießen mit einem eigenen Zelt nur unweit des späteren Standortes an der Berliner Straße

Wie bei den stadteinwärts an der Schönhauser Allee befindlichen größeren Brauereien Pfeffer, Königsstädtische und Schultheiß gleich am Hauptverkehrsweg die Lokale und Biergärten einluden, so auch bei Willner, der eine eigene Kegelbahn besaß. Am längsten hielt sich die Gastronomienutzung an der Berliner Straße 80-82. Doch auch damit ist im ältesten, auf um 1860 zurückgehenden Teil der Brauerei seit ein paar Jahren Schluß. Er beherbergte einst Beamte der Steuer- und Zollbehörde, als an Willner-Bier noch nicht zu denken war. Die Grenze von Berlin erklärt den Standort, hier endete das Ortsrecht der preußischen Residenzstadt und Pankow begann. Sowohl Brauerei als auch Mälzerei bestanden nachfolgend auf dem Grundstück von Willner, der jährlich über 100.000 Kubikmeter unterirdisches Wasser förderte und deshalb nachweislich in den 30er Jahren eine Mineralwasserfabrik betrieb.[54]

Namentlich bekannter war die ebenfalls in der zweiten Hälfte des 19. Jahrhunderts entstandene Engelhardt-Brauerei, bevor auch dieses Unternehmen 1907 umgewandelt und auf Bieraktien gesetzt wurde. Das seit 1905 gesicherte Kaufrecht auf Gebäude und Grundstücke in der Neumann- und Thalstraße übte die frisch gegründete Aktiengesellschaft aus, die damit ihre Brauereiaktivitäten in Pankow begann. Durch weiteren Zukauf für die erforderliche Betriebsausdehnung der Engelhardt-Brauerei lag nun hier deren Abteilung I, mit Postadresse Kaiser-Friedrich-Straße 21/29. Um einer Vielzahl an gleichnamigen Straßen zu begegnen, heißt sie seit 1938 nach dem sagenumwobenen nordischen König Thule. Engelhardt rühmte sich seines Spezialproduktes, *welches über die Grenzen des Vaterlandes hinaus einen guten Ruf besitzt,* nämlich dem unter Beigeben von Kristallzucker gebrauten Malzbier.[55] Die Abteilung I in der Kaiser-Friedrich-Straße 21/29 besaß einen eigenen großen Sitzungssaal, in dem auch die Aktionäre zu Versammlungen zusammenkamen. Wer heute das Gelände der im Zweiten Weltkrieg stark zerstörten und danach sequestrierten und in Volkseigentum überführten Engelhardt-Brauerei an der Thule-, Neumann-, Spiekermann- und Talstraße umrundet, kann die alte Brauereianlage nur noch erahnen. Das 1969 gebildete Volkseigene Getränkekombinat Berlin war übrigens seit dieser Zeit Nachfolger der Schultheiß-, Engelhardt- und Willner-Brauerei in Ost-Berlin.

In bezug auf Pankow von einem Brauereistandort, wie etwa im Prenzlauer Berg, zu reden, ist bei weitem übertrieben, gerade mit Blick auf die unendlich große Zahl von Brauereien in der Reichshauptstadt. 1899 gab es in Berlin deren 98, die zusammen 3.838.411 Hektoliter produzierten, davon die Hälfte Lagerbier. Der Pro-Kopf-Verbrauch umfaßte sinnbildlich gesprochen einundzwanzig 10-Liter-Eimer im Jahr. Der Anteil der Biertrinker ist in Pankow immer entschieden höher gewesen als die hier hergestellte Flüssigkeitsmenge. *Aus verhältnismäßig kleinen Brauereien waren kapitalistische Unternehmen ersten Ranges geworden, die ihren Absatz weit in die Provinz hinein ausdehnten, über große eigene Ausschanklokale und durch Pachtverträge aller Art noch über einen Heerbann von unzähligen größeren und kleineren Gastwirtschaften verfügten. An erster Stelle dieser modernen Brauereien Berlins marschierte die Schultheiß-Brauerei*, weiß der Sozialdemokrat Eduard Bernstein zu berichten.[56] Engelhardt und auch Willner hinterdrein. Aber der Arbeiter trank nicht nur sein Bier, sondern wollte auch was rauchen.

„Königin von Saba"

Im Zentrum eines alten Gemäuers hängt 1998 an der Ausfahrt zur Hadlichstraße noch ein Schild: *Auf dem Innenhof ist das Rauchen streng verboten.* Streng hin, streng her, verboten ist verboten. In der Fabrik produzierten die Beschäftigten das „Corpus delicti": Zigaretten.

Von der Berliner Straße aus ist dieser große Fabrikkomplex in seiner Grundstückstiefe wirkungsvoll zu erkennen, wenn ihm auch heute einiges an Fassadenschmuck fehlt. Achsial auf die Gebäudemitte ist ein Torflügel ausgerichtet, der von zwei übergiebelten Personendurchgängen und einem historischen Gitter flankiert wird. Von der Hauptstraße erfolgte früher über eine Grünanlage die repräsentative Zuführung auf den betonten Mittelteil mit vorgezogenem Erdgeschoß, über dem sich eine Balustrade befindet, die einen herrschaftlichen Balkon rahmt.

Berlin war um 1900 Zentrum der deutschen Zigarettenindustrie. Firmen wie Garbáty und Manoli waren in der Stadt führend. Hieß die letztere – umgekehrt gelesen – nach der Frau des Gründers, Ilona M., so erstere schlicht nach dem Gründer selbst. Meinen Namen für mein Produkt. So leiteten sich auch verschiedene Warenzeichennamen davon ab: neben Garbaty auch Garbatschy, Garbatyrer, Garty, Gorbaty, Gorbate oder Gorboti.

In der zweiten Hälfte des 19. Jahrhunderts gegründet, beschloß Josef Garbáty-Rosenthal die industrielle Randwanderung aus Berlin von der

Schönhauser Allee 56, wo sich das Fabrikgebäude auf dem Hof befand, nach Pankow. 1906 firmierten Fabrik, Kontor und Expedition in der Hadlichstraße, Eingang Berliner Straße 119/120, wie es im Berliner Adreßbuch ein Jahr später hieß. Im alten Betrieb im Postbezirk N 58 verblieb eine Engros-Verkaufsstelle.

1912 war der neue Fabrikbau auf fast quadratischem Grundriß von 57 x 50,5 Metern fertig und erhielt ein weißes Kachelkleid. Ein zentraler Innenhof zeigt an der West- und Ostseite Treppenaufgänge und Fahrstuhlschächte. Die Hofeinfahrt erfolgt von der Hadlichstraße im Süden. Links an der Straße steht der zugehörige Tabakspeicher, der mit dem Hauptgebäude durch eine in luftiger Höhe befindliche Brücke verbunden ist.

Auf der anderen Straßenseite lag der Garagenhof. Die Tochtergesellschaft der Zigarettenfabrik Garbáty, die Pappen- und Papier-Verarbeitungs-AG „Pa-Pa-Ge", lag im östlichen Teil der Hadlichstraße. Die beiden Söhne des Firmengründers Josef, Eugen und Moritz Garbáty, waren alleinige Aktieninhaber dieser 1919 gegründeten Fabrik, in der vor allem Verpackungsmaterialien hergestellt wurden, aber nicht ausschließlich für die Zigarettenfabrik, deren Teilhaber sie wiederum gewesen sind. Moritz Garbáty regte übrigens eigene Tabakpflanzungen in Galiläa an, die seit 1924 betrieben wurden.

Die alte Zigarettenfabrik heute: Tabakspeicher und Verbindungsbrücke zum Hauptgebäude

1930 trat dieser Dr. Moritz Garbáty an den in Hamburg lebenden und arbeitenden Architekten Fritz Höger heran. Dem war in der Hansestadt im Jahre 1923 ein großer Wurf gelungen: das zum Wahrzeichen avancierte „Chilehaus". Der Betrieb in der alten Zigarettenfabrik war sehr gedrängt, z.T. bei nur mäßigem Licht, heißt es in einer Beschreibung. Jetzt wurde der ganze Betrieb weiträumig auseinandergezogen, wozu der besonders gut belichtete Erweiterungsbau, an der Ostseite der Altbaukonstruktion angefügt, gute Möglichkeiten bot. Dennoch, räumt der Bericht ein, wurden trotz Raumgewinn weniger Arbeiter und Angestellte beschäftigt, da nun eine bessere Organisation des Gesamtbetriebes möglich war. Bei der alten Arbeitsweise waren 1.370 gewerbliche Arbeiter und 420 kaufmännische Angestellte tätig, nach der Neuorganisation war bei einer Höchstausnutzung ein Verhältnis von 980 zu 350 Personen zu erwarten. Die Ausschachtungsarbeiten begannen am 12. Januar des Jahres 1931, im August war der Bau *fix und fertig abgeliefert*. Der Werbestratege im Architekten Höger regte sich versus die Leuchtschrift „Garbáty Zigarettenfabrik": *... dass Garbáty eine Zigarettenfabrik ist, weiss in Deutschland jeder schmauchende Junge und jedes Fräulein, was älter ist wie 12 Jahre. ... Je kürzer und je schlagender eine Reklame ist, um so einprägsamer und wirkungsvoller ist sie.*[57]

Während des Zweiten Weltkrieges fiel der Fabrikstandort keiner Totalzerstörung zum Opfer, aber Bomben trafen viele Zigaretten- und Tabaksendungen außerhalb von Pankow. „Schoessmann & Scheffler Spediteure Dresden/Hamburg" teilten mit, daß am 13. Februar 1945 insgesamt 215 Ballen ungarischer Tabak im Wert von 73.445,57 RM *durch Terrorangriffe auf Dresden* vernichtet wurden. Die Ladung war feuerversichert. 1944 zerstörte ein Bombenangriff über 6 Millionen Stück Zigartten in Stettin. Josef Garbáty hat dies alles und die weitere Entwicklung seiner Fabrik nicht mehr erlebt; er starb gebrochen in hohem Alter im Jahr des Weltkriegsbeginns. Garbáty galt als Jude, das Unternehmen war nicht mehr in seinem Besitz.

Die Firma Garbáty hat noch etliche Jahre den alten Namen behalten. Die zweite Enteignung und Überführung in Volkseigentum erfolgte 1949. Erst später gab es durch Zusammenlegung von Zigarettenproduktionen eine „Bezifa", die Berliner Zigarettenfabrik, auf dem ehemaligen Garbáty-Gelände mit gut 500 Beschäftigten. Das schwer leserliche VEB-Schild hängt noch über der Einfahrt zum Innenhof. Nach der Wende dann ein kapitaler Fehler, denn die Treuhand verkaufte die Markenrechte an der „Club", dem früher dominierenden DDR-Produkt, für 13 Millionen Mark an den amerikanischen Tabakkonzern Reynolds. Das

Garbátys bekannteste Zigarette

kostete die „Bezifa" den Markt, Mitarbeitern den Arbeitsplatz. Die Lübecker Zigarettenfabrik GmbH erwarb die „Bezifa", produzierte mit reduzierter Belegschaft weiterhin Zigaretten für andere Firmen; die Immobilie erwarb sie nicht. Der Fortführungsversuch in der Pankower Hadlichstraße ist gescheitert. „Bezifa" und Garbáty sind Geschichte, die Fabrik ist längst geschlossen. Die Uhr am Pförtnerhaus zeigt fünf nach Sieben. Sie geht nach. Es ist bereits fünf nach Zwölf.

Eine Kneipe an der Prenzlauer Allee schmückte sich Anfang der 90er Jahre namentlich mit der einst äußerst bekannten Garbáty-Marke „Königin von Saba". Ein altes Emailleschild gefiel; vom Firmengründer, seiner Fabrik und dem Markennamen war weiter nichts bekannt. So zauberhaft war das Geschäft wohl nicht, auch diese kurzzeitige Erinnerung an die früher gern gerauchte „Saba" ist aus dem Stadtbild verschwunden. Heute heißt der Laden „Das Kalte Herz".

Bergmann-Borsig und andere

Gekämpft wird noch um den Fortbestand von Fabrikationen in Wilhelmsruh. 1891 entstand im Wedding eine Fabrik für Isolierleitungsrohre und Spezialinstallationsartikel für elektrische Anlagen. Diese Firma S. Bergmann & Co. verkaufte zwei Jahr später schon Aktien. In der Elektrotechnik-Branche boomte es. Die Bergmann-Elektromotoren- und Dynamowerke AG gründete Sigmund Ludwig Bergmann 1897 und vereinigte beide im Jahre 1900 zur Bergmann-Elektrizitäts-Werke AG; eine Erweiterung des Produktionsstandortes war jedoch nicht mehr möglich. 1906 konnte ein außerordentlich günstiges, 76.000 Quadratmeter großes Gelände in der Nachbarschaft des Ortes Wilhelmsruh angekauft und ab 1907 bebaut werden. Vorteil Nummer Eins: die Verkehrsanbindung für das Personal über den S-Bahnhof Wilhelmsruh

Bergmann-Werksgelände an der Nordbahn, rechts die Trasse der „Heidekrautbahn"

und die Heidekrautbahn. Vorteil Nummer Zwei: die Verbindung zur Industriebahn von Tegel nach Friedrichsfelde. Neue Unternehmensfelder kamen hinzu, man produzierte elektrische Zentralen, stellte große Energieübertragungsanlagen her, baute sogar elektrische Bahnen und Benzin-Automobile. In der Folge beherbergte das Firmengelände in Wilhelmsruh vor dem Ersten Weltkrieg gut 20 Fabriken.[58]

Die Arbeiter kamen von nah und in der Hauptsache von fern. Nach dem Krieg gehörte auch der als Transportarbeiter beschäftigte Otto Nagel aus Wedding dazu, Mitglied der KPD seit ihrer Gründung, dem wegen Streikbeteiligung und der innerbetrieblichen Situation 1921 gekündigt wurde. Nagel, Autodidakt, verlegte sich aufs Malen, seine sozialen Themen stempelten ihn zum „Arbeitermaler vom Wedding". Die Nazis erteilten ihm ab 1934 Arbeits- und Ausstellungsverbot, Nagel wurde kurzzeitig im KZ Sachsenhausen interniert. Als der Weltkrieg begann, saß er auf der Straße und zeichnete die Zustände im Fischerkiez vor der Zerstörung. In Ost-Berlin kam er in der Nachkriegszeit noch zu hohem Ansehen und Ehren: seit 1953 Präsident des Verbandes Bildender Künstler, 1956-62 Präsident der Deutschen Akademie der Künste. Ein größeres Metallrelief in einem Backsteinrahmen steht am Werkgelände und erinnert an den ehemaligen Arbeiter. Das Kulturhaus des Betriebes erhielt den ehrenvollen Namen Otto Nagel. Wilhelmsruh aber war nur eine marginale Seite seines Lebens.

Nicht einer, der nach dem Fall der Mauer aus dem Arbeitsleben bei Bergmann-Borsig ausschied, konnte sich aufs Künstlerische zurückziehen. Der VEB Bergmann-Borsig entstand 1949 und spielte für die Energiewirtschaft der DDR eine bedeutende Rolle: Hier produzierten Hunderte von Betriebsangehörigen Dampf- und Gasturbinen, Generatoren und was die Energiewirtschaft noch benötigte. Mit der DDR-typischen Kombinatsbildung Ende der 60er Jahre avancierte er zum Stammbetrieb für Kraftwerksanlagenbau, am Aufbau und der Belieferung von Kraftwerken und Großkraftwerken der DDR hatte der Betrieb maßgeblichen Anteil.

Bei aller Planschwindelei in der sozialistischen Produktion, bei all den immanenten betrieblichen Turbulenzen der Produktion, die Schwierigkeiten en gros fingen mit der Wende erst richtig an. Im Maßstab bundesdeutscher Wirtschaftlichkeit ließ sich der Betrieb, an DDR-Quantitäten gemessen, nicht mehr lange halten. Zunächst gaben ein Kooperationsvertrag mit der Asea Brown Boveri AG Mannheim und die Umwandlung in eine GmbH Anlaß zur Hoffnung. Von der Treuhand übernahm ABB die Bergmann-Borsig GmbH im Jahre 1991, von einem Vorstandsmitglied als *Meilenstein beim Engagement der deutschen ABB in den neuen Bundesländern* gewertet. Ein sogenanntes Restrukturierungsprogamm begann, der Personalabbau im gleichen Atemzug. Ab 1. Januar 1993 hieß der Betrieb dann ABB Kraftwerke Berlin GmbH, 1997 schrieb er erstmals schwarze Zahlen. Doch da war schon davon die Rede, den Standort aufzugeben und den Bereich Kraftwerke in Mannheim zu konzentrieren. Von 415 verbliebenen Arbeitsplätzen sollten 315 abgebaut werden – einst waren es über 3.000. Soviel Beschäftigte demonstrierten im Januar 1998 in Mannheim, denn viele ABB-Arbeitsplätze sind durch die Marktentwicklung bedroht.

Der erschreckende Trend hält weiterhin an; seit 1990 wurden nach einer Statistik im Ostteil Berlins 85% der Industriestellen, im Westteil 35% abgebaut. Es droht die völlige Aufgabe des letzten Restes der ABB Kraftwerke. Die Kritiker buchstabieren ABB nun: Ausbeuter, Betrüger, Bergmann-Borsig-Vernichter. Harte Worte in einem harten Überlebenskampf, der in Pankow geführt wird. Zukünftig soll es die ABB Kraftwerk Service GmbH (KWS) geben, 247 Stellen und das ABB-Ausbildungszentrum sollen erhalten bleiben. Dafür rumort es in der Nachbarschaft. ABB ist 1995 mit Daimler-Benz ein Gemeinschaftsunternehmen für Bahntechnik eingegangen, die ABB-Daimler-Benz Transportation, sprich Adtranz. Das Pankower Werk startete im April 1997 mit der Produktion; 1999 soll jedoch schon wieder Schluß sein, da eine Konzentration im Henningsdorfer Werk vorgenommen wird. Was wird aus den Menschen, die dort arbeiten und arbeiten wollen? Wenn Schornsteine gesprengt werden, bilden sich letztmalig Wolken. Am 19. April 1994 fiel der Schornstein der 1857 gegründeten Lederfabrik in Buchholz, einem Traditionsunternehmen, das am Ende des Jahrhunderts eine neue Gerberei dazubekam, sich also nach und nach zu einem Fabrikationsstandort der Lederbearbeitung mauserte. Trotz teilweiser Weltkriegszerstörung ging es mit der größten industriellen Produktionsstätte von Buchholz an der Pankstraße weiter. Flußlauf und Umwelt waren extrem belastet. Zu DDR-Zeiten spezialisierte sich die VEB Lederfabrik nach der 60er Jahre-Rekonstruktion auf die Produktion von Rindsleder; sie arbeitete bis zur Schließung zwei Jahre nach der deutschen Vereinigung. Andere beschlossen derweil die Freiräumung des Geländes und den Bau eines Gewerbezentrums Buchholz, das nun auf seinen 50.000 Quadratmetern diversen Unternehmungen Platz bietet. 1991 richtete das Bezirksamt ein Büro für Wirtschaftsförderung ein, einem akzeptierten Vermittler zwischen Wirtschaft und Verwaltung, denn es galt und gilt, den bescheidenen Wirtschaftsstandort Pankow zu halten.

Addieren wir die genannten und nicht genannten historischen Betriebe (wie die chemisch-pharmazeutische Fabrik der Much AG, die Stuhlrohrfabrik von Fritz Heyn, die Eisengießerei von Kremener, die Fabrik elastischer Glühkörper, die Konservenfabrik von Schloßmann), wird die Vielzahl unterschiedlicher industrieller Arbeitsstätten deutlich, doch haben sie offensichtlich nie ausgereicht, Pankow zu einem bedeutenden Industriestandort zu erheben. Wirklicher Standort der Großindustrie ist der Bezirk nachweislich nie gewesen, eher bevorzugt von kleineren industriellen Fertigungen, Fabriken und einer unendlichen Zahl typischer Gewerbe. Die Standorte konzentrierten sich vor allem auf Pankow und Niederschönhausen, vereinzelt auch auf Buchholz. Wilhelmsruh blieb durch Bergmann-Borsig einzige Ausnahme von Format. Typischer für den Bezirk waren und sind Landwirtschaft und Laubenpieper. Und Wohnen im Grünen natürlich.

Made in Pankow – Erfinder und Erfindungen

Eine Brandmauer in der Mühlenstraße 15 beeindruckt durch ihre Größe und ist deshalb wohl für Höheres geeignet, als nur eine kahle häßliche Wand zu sein, an die sich kein Nachbargebäude schmiegt. Werbestrategen sind mitunter gierig darauf, solche Wände gezielt zu vermarkten. Geworben wird an dieser für ein Stück Geschichte, das nicht mit dem Haus, sondern mit Pankow, ja eigentlich Berlin, besser Deutschland zu tun hat: mit dem Bioscop-Film. Fünf Filmstreifen laufen über die Seitenwand: ein Jongleur, tanzende Kinder, ein tänzelnder Mann im Anzug, ein boxendes Känguruh und die Einfahrt eines Zuges an einer Haltestelle. Es ist übrigens der an der Nordbahn gelegene Bahnhof Schönholz.

Mit einer eigenen Filmkamera und von der Firma Kodak angebotenen Rollfilmen unternahm im August 1892 ein Mann namens Skladanowsky erste Filmversuche im Dachatelier eines befreundeten Photographen in der Schönhauser Allee. Die Skladanowskys, der Vater Carl, die Söhne Max als auch Emil, reisten zuvor als Schausteller durch die Lande und Länder und verzückten die Menschen mit ihren mechanisch bewegten Nebelbildern. Der Photograph und Glasmaler Max Skladanowsky, Berliner Jahrgang 1863, tüftelte weiter an Filmaufnahmen und vor allem am Wiedergabeverfahren. Schließlich ein brauchbares Ergebnis, im Deutschen Reichspatentamt registriert unter der Nummer 88.599: Zwei Filmstreifen laufen über zwei Lichtquellen, wobei die über eine Kurbel angetriebene Mechanik auch eine Scheibe bewegt, die jeweils nur ein Bild freigibt. Auf der Leinwand – oder wo auch immer – laufen die Bilder. In der Urkunde liest sich das so: *Auf Grund der angehef-*

Zum 80. Geburtstage
des ersten deutschen Filmschauspielers
am 10. Januar 1939

Eugen S K L A D A N O W S K Y

der bereits am 10.Januar 1896
in einer kleinen theatralischen
Scene vor meinem Kurbelkasten
stand.

Von Max Skladanowsky,
dem Erfinder des Bioskop 1895.

Festschrift von Filmpionier Max Skladanowsky für seinen Bruder Eugen, den „ersten deutschen Filmschauspieler" teten Patentschrift ist durch Beschluß des Kaiserlichen Patentamtes an Max Skladanowsky, Nebelbilderdarsteller, in Pankow b/Berlin ein Patent ertheilt worden. Gegenstand des Patentes ist: Vorrichtung zum intermittirenden Vorwärtsbewegen des Bildbandes für photographische Serien-Apparate und Bioskope. Anfang des Patentes: 1. November 1895.[64]

An diesem Tag gab es den großen öffentlichen Auftritt. Im Berliner Wintergartenvarieté im Central-Hotel an der Friedrichstraße startete das neue Monatsprogramm. In der Anzeige heißt es: *Neues Programm. 12 Debuts.* Die auffälligste Hervorhebung: *Neu! Das Bioskop. Neu! Die interessanteste Erfindung der Neuzeit.*[65]

Im Sommer des Jahres 1895 fuhren die Betreiber des Varietés nach Pankow in die Berliner Straße 27, gleichsam zum Produktionsraum der Filme, die Skladanowsky im Mai gedrehte hatte. Der dortige Wirt des „Feldschlößchens", Sello, erscheint wohl im Nachhinein eher als hilfsbereite, nicht den großen Reibach machende Figur, der das Werk unterstützte, so gut er konnte. Doch um ihn ging es nicht, sondern um einen Vertrag mit dem Innovator. Dieser beinhaltete das zunächst ausschließliche Vorführen der Kurzfilmchen in Berlins angesehenem Varieté bei 2.500 Mark Gage.

Die Novemberpremiere fiel auf einen Freitag und begann um 7.30 Uhr abends. Das Programm, an Höhepunkten nicht arm, neigte sich seinem Ende entgegen, als der Raum abgedunkelt wurde. Das Große Wintergartenorchester legte eine „Introduktion" vor, also schlichtweg ein Vorspiel. Dann der Wechsel zur Polka und damit zum ersten Film: Die Kinder Ploetz-Larella beim italienischen Bauerntanz, gedreht bei Sello in Pankow im Mai 1895. In der weiteren Reihenfolge: 2. Brothers Milton – Komisches Reck, 3. Der Jongleur Paul Petras, 4. Das boxende Känguruh – Mister Delaware, 5. Die Gymnastikerfamilie Grunato, 6. Kamarinskaja – Russischer Nationaltanz, getanzt von den 3 Tscherpanoffs, 7. Ringkampf zwischen Grainer und Sandow. Die Dreharbeiten für die Kurzdokumentationen 2 und 3 sowie den Rausschmeißer fanden bei Sello im „Feldschlößchen" statt. Der verwendete Doppelprojektor arbeitet nicht lang, aber gut, denn die vertragsmäßige Dauer der Vorführung betrug 15 Minuten. Das Neueinlegen abgerechnet, blieb nicht viel Film, und der lief maximal 20 Sekunden. Beim Abschlußfilm verbeugten sich Max und Emil Skladanowsky selbstverständlich filmisch vor dem Varietépublikum, eine Aufnahme, bei der Wilhelm Fenz hinter dem Gerät gestanden hatte; bei ihm in der Schönhauser Allee auf dem Dach waren einst die ersten Versuche gelaufen. Die Leute gingen beeindruckt nach Hause, und für die Geschichtsbücher blieb der 1. No-

Der „Geburtsort des deutschen Films" heute: das Kino „Tivoli" an der Mühlenstraße

vember 1895 der Tag der Berliner und der deutschen Filmpremiere, zwar noch in keinem eigenen Kino, aber lange dauerte es bis dahin nicht mehr. Eine nach Skladanowsky benannte Straße in Niederschönhausen – gewohnt hat er von 1908 bis zu seinem Tod in der Waldowstraße 28 – erinnert an den Pankower, der auf dem Städtischen Friedhof IV beerdigt liegt. *Der Wegbereiter des Films in Deutschland.*

Und wo kann in unseren Tagen Kino geguckt werden? In einem einzigen Kino, dem „Blauen Stern". Von 1993 bis zum 19. Dezember 1996 war Pankow cineastisches Brachland, bevor das Kino an der Hermann-Hesse-Straße wieder öffnete. Wer vom Friedhof dorthin läuft, kommt am ehemaligen Filmpalast an der Blankenburger Straße vorbei, die Reklame-Buchstaben außen sind noch zu erkennen. 1936 wurden 366 Plätze für das Bezirksnachaufführungstheater angegeben. Der „Blaue Stern" in der Nachbarschaft besaß sechs Plätze mehr und gehörte immerhin schon zur Kategorie C – Bezirkszweitaufführungstheater. Zwei oder mehr Kinos in einem gab es noch nicht. Skladanowsky, der im „Blauen Stern" und Restaurant Thiele seinen 70. Geburtstag feierte, hätte damals noch weitere Kinos aufsuchen können. In das kleinste in der Florastraße paßten 143 Leute. Die Flohkiste hieß „Fortuna-Lichtspiele" und beherbergt heute ein Puppen- und Figurentheater namens „Homunkulus". Das „Hubertus" in Buch, der „Filmpalast" in Buchholz, das „Urania"-Kino in Wilhelmsruh, das „Universum" in Schönholz, das „Palast-Theater" in der Breiten Straße in Pankow oder das „Odeum" in der Berliner Straße, die beide über 600 Plätze hatten, lockten Publikum.[66] Sellos „Feldschlößchen" gab es hingegen nicht mehr. Dafür an dieser Stelle das „Tivoli", mit 823 Plätzen das größte Kino im Verwaltungsbezirk und auch in der höheren Kategorie B rangierend – Bezirkserstaufführungstheater.[66] Am 16. April 1994 wurde im Hotel Steigenberger am Los-Angeles-Platz vom Grundstücksauktionshaus Mark Karhausen das „Tivoli" in der Berliner Straße 27 mit 2.250 Quadratmeter großen Grundstück für 1,68 Mio. DM an die Berliner Vermögensverwalterin Gabriele Schloss-Gräpert versteigert. Der letzte Film lief am 1. Oktober 1994, dann fiel nach Wim Wenders' „In weiter Ferne so nah", im Beisein des Regisseurs und der Darsteller gezeigt, der letzte Vorhang – und danach der große Kinosaal. Unter Vorsitz von Wim Wenders wurde der Verein „Die ersten Hundert Jahre Cinematographie in Berlin" gegründet, aber auch er konnte keinen Neuaufbau nach dem schon erfolgten Abriß ermöglichen. Die Eigentümerin möchte die Entwicklung im Umfeld abwarten, da neue Kino-Großprojekte im Gespräch sind, u.a. auf dem Gelände der Schultheiß-Mälzerei.

Die Thermoskanne ist von einem späterhin in Pankow Lebenden erfunden worden. Am Haus Wilhelm-Kuhr-Straße 3 erinnert eine Berliner Gedenktafel: *In diesem Hause wohnte und arbeitete von 1927 bis zu seinem Tode Reinhold Burger, Glasinstrumentenbauer und Inhaber zahlreicher Patente.* In Glashütte-Baruth 1866 geboren, hatte er es sozusagen schon in die Wiege gelegt bekommen, in der Glasherstellung zu arbeiten. Burger ging auf die Vierzig zu, als er im Auftrag des Eisfabrikanten Carl von Linde ein Gefäß zur Aufbewahrung von flüssigem Sauerstoff anfertigen sollte, das dessen extrem niedrige Temperatur von -165° C zu halten hatte. Eine silberbespiegelte Hohlkugel mit Doppelwandung entstand, die luftleer und aus Hartglas war – letzteres ein Spezialgebiet der Firma Burger. Ein Glasmacher bewahrt für gewöhnlich keinen flüssigen Sauerstoff auf, schließlich kam es auch darauf an, den Aggregatzustand zu halten. Die Qualitätsprobe mit heißem Wasser, das nach längerer Zeit noch warm war, führte sozusagen im Nebenprodukt zu einer Erfindung, die auch für heiße Flüssigkeiten anwendbar war. Am 1. Oktober 1903 bestätigte das kaiserliche Patentamt eine Flasche mit *doppeltem, luftleerem Hohlraum,* Patentschrift Nr. 170057, Klasse 64 a. Mit einem passenden Namen aus dem Griechischen versehen, lautete nachfolgend die Werbung: *Thermos hält kalt und heiß – ohne Feuer und ohne Eis!* Burger hat bei seiner Erfindung durchaus auf Vorleistungen anderer zurückgreifen können, die Thermosflasche aber hat nunmal er so zustandegebracht. Die Grabstelle des 1954 Verstorbenen, der schon vor dem Ersten Weltkrieg nach Pankow gezogen war, befindet sich auf dem Friedhof Pankow III.

Auf diesem Friedhof begraben liegt eine weitere Persönlichkeit, die uns, ähnlich wie Skladanowsky, zu einer speziellen Art des Sehens verholfen hat, nicht des Filmesehens, sondern des Fernsehens. Ein junger Student saß am Heiligabend 1883 in seiner Studentenbude Philippstraße 13a, und die Erleuchtung kam ihm in Form einer *greifbaren logischen Generalidee des Fernsehens*, wie er es 50 Jahre später darstellte. Der 24jährige Paul Nipkow erfand das Elektrische Teleskop, das, als Nipkow-Scheibe bezeichnet, seit 1928 zur Entwicklung der Fernsehtechnik beitrug. Selbstverständlich ließ auch Nipkow seine Idee beim Kaiserlichen Patentamt gleich zu Anfang des Jahres 1884 unter der Nr. 30.015 registrieren. Gewohnt hat er von 1911 bis zu seinem Tod 1940 in der Pankower Parkstraße 5.

Die Aufstellung eines mit heutigen Fabrikaten nicht zu vergleichenden Apparates von leicht vergrößertem Postkartenformat erlebte Nipkow 1936 noch, als in der Wollankstraße 134 auf dem Hof eine Fernsehstube zur Übertragung der in Berlin stattfindenden Olympiade lockte. Vom olympischen Geschehen kamen die Bilder zeitversetzt, nach eineinhalb Minuten Filmentwicklung konnten sie von der Fernsehkamera abgetastet und dann erst übertragen werden. Zum Fernsehgucken trafen sich die Menschen damals in einer öffentlichen Fernsehstube!

Harte Zeiten

Jüdische Geschichten

Daß jeder im Preußischen seiner Fasson nach selig werden könne, ist schön dahin gesagt. Selbst der Urheber dieser Redensart, Friedrich II., hat dies nicht immer so praktiziert. Gerade gegenüber den Juden nicht. Und auch in den kleinsten und abgelegenen Winkeln des Lebens ist das Seligwerden eingeschränkt gewesen.

Gutsvorsteher Specht erscheint am 17. August 1889 unvorgeladen in Berlin und trägt dort beim Landratsamt sein Problem vor. Das liest sich so: *In dem forstfiscalischen Gutsbezirk Schönholz besteht seit vielen Jahren das Herkommen, daß bei dem Leichenbegräbnis einer erwachsenen Person zwölf Ortsbewohner als Träger fungieren und gleichzeitig „1 Groschen" Gebühren für den Todtengräber entrichten. Kürzlich wurde bei einem solchen Leichenbegräbnis auch der Kaufmann Moses Falkenstein (mosaisch) zur Verrichtung dieser ortsüblichen Funktionen von mir aufgefordert. Derselbe erklärte sich zwar zur Entrichtung der Gebühren bereit, lehnte aber ab, als Leichenträger zu fungieren oder einen Mann hierzu zu stellen. Für den Fall einer solchen Weigerung sind bisher 1,50 M bis 2 M Strafe von mir erhoben worden, welche in die Armenkirchhofskasse von Schönholz geflossen sind. Bevor ich jedoch diese Strafe gegen den p. Falkenstein festsetze, bitte ich feststellen zu wollen, ob derselbe zur Ausführung dieses Herkommens herangezogen werden kann und ob die Einleitung des Straf-Verfahrens gegen denselben Erfolg haben würde. Irgend welche Documente über dieses Herkommen sind nicht vorhanden; dieselben sind vermutlich bei einem Brande in den sechziger Jahren mitverbrannt.*

Doch die Beamten sind vorsichtig. In der Antwort heißt es: *In der Angelegenheit betreffend der Weigerung des Kaufmanns Moses Falkenstein daselbst, als Leichenträger zu fungieren, theile ich mit, daß ein obrigkeitlicher Zwang auf den p. Falkenstein nicht ausgeübt werden kann.*[6] Vielleicht meinte die Formulierung aber auch, daß der obrigkeitliche Zwang ebenso gegenüber einem Christen nicht hätte erwirkt werden können. Die Respektierung der oder gar ein Verständis für die Haltung eines Juden daraus abzuleiten, ist wohl doch zu weit gegriffen.

Der Anteil der jüdischen Bevölkerung Pankows war gering. Die meisten von ihnen wohnten im Bereich des Amtsbezirkes Pankow, bedeutend weniger in Niederschönhausen, und gehörten zu den wohlhabenderen Juden, die über Grund- und Hausbesitz verfügten, darunter eine Vielzahl an Ärzten neben Bankiers und Fabrikbesitzern. Als sich der oben geschilderte Vorfall ereignete, wies Pankow nur fünf wahlfähige Mitglieder der jüdischen Gemeinde auf. Eine verläßliche Statistik liegt für das Jahr 1910 vor, als 1.335 Juden verzeichnet wurden, was knapp über 1,7 % der Pankower Bevölkerung entsprach. Groß-Berlin zählte damals 144.043 jüdische Einwohner. Nachdem der 19. Verwaltungsbezirk existierte, sind es 1925 mit 1.566 nur unwesentlich mehr, eher war der gesamte Bevölkerungsanteil Pankows gestiegen, die Statistiker zählten 105.467 Personen.[67]

Die engsten Kontakte der Einwohner bestanden zu den jüdischen Händlern und Geschäftsleuten, die, bekannt und geschätzt, im Grunde genommen nichts Außergewöhnliches darstellten und den Branchen Nahrungs- und Genußmittel, Bekleidung sowie Schreibwaren angehörten. Dazu zählten auch diverse Kleingewerbetreibende in unterschiedlichen, wenn auch klassischen Handwerksberufen: Uhrmacher und Goldschmied, Schneider, Glaser, Klempner, Schlosser oder Maler. Nicht zu vergessen suchte die Bevölkerung auch niedergelassenen jüdische Ärzten und ebenso Spezialisten auf. Dazu gehörten vor allem die Nervenärzte, die über den Ort hinaus bekannt waren. Der Theaterkritiker und Schriftsteller Alfred Kerr notierte 1895 dazu: *Berühmt ist Pankow durch Irrenpflege, und „Sie müssen nach Pankow!" bedeutet nicht unmittelbar eine Liebenswürdigkeit.*[68] Drei Jahre später setzte er in einem Brief noch eins drauf. *Draußen in Erkner beim Kaffee kommt etwas Leben vorübergehend in die Gesellschaft. Und sie singen die Pankow-Hymne. Kennst du das neue Liedchen?* Wir hörten schon eingangs von Kille, kille, Pankow. *Es befinden sich dortselbst zahlreiche Biergärten und ein Irrenhaus. Aus diesem Irrenhaus offenbar entsprang ein Patient und dichtete das Lied. Zwei Millionen Deutsche singen es jetzo ... Jede Zeile ist eine Gehirntuberkulose.*[69] Schon 1868 begann in der Breiten Straße 18 eine Privatklinik mit der Behandlung von Geisteskranken, die Dr. Emanuel Mendel bis 1885 selbst leitete. Er erhielt 1861 seine Approbation als Arzt, praktizierte in Pankow und übernahm nachfolgend auch die Betreuung von Geisteskranken. Über Mendel wird berichtet, daß er seine Patienten noch zu Pferd besuchte. Er war Reichstagsabgeordneter und Gemeindevertreter, nach ihm wurde eine Straße im Bezirk benannt, die Benennung von den Nazis wieder rückgängig gemacht. Heute heißt sie wieder Mendelstraße.

Beruhigende Stille und *balsamische Luft* sind nicht der Grund gewesen, eine Vielzahl jüdischer Kinder nach Pankow zu bringen. Zunächst einmal mußten sie aus dem Krisengebiet Osteuropa geschafft werden,

wo nach der Ermordung des Zaren Alexander II. am 1. März 1881 Pogrome wüteten. Europäische Länder sträubten sich, ostjüdische Flüchtlinge aller Altersstufen aufzunehmen. Das Berliner Hilfskomitee entsandte 1882 den Vorsitzenden Justizrat Makower und Justizrat Breslauer in die galizische Grenzstadt Brody, die 39 Knaben auslösten und nach Berlin begleiteten, obwohl ihnen eine ungeheure Vielzahl an kleinen Bittstellern nachlief. Allein es fehlten die Mittel. *Kein Ostjude geht freiwillig nach Berlin. Wer in aller Welt kommt freiwillig nach Berlin?* schrieb der aus Brody stammende Schriftsteller Joseph Roth später. Lange ist das kleine Häuflein in Berlin auch nicht geblieben, denn das Komitee erwarb ein bescheidenes Wohnhaus an der Berliner Straße 35 in Pankow. Am 22. Oktober 1882 zogen die Kinder in die Erziehungsanstalt ein, das Ziel lautete nicht nur reine Unterbringung. Der zweite Direktor der Anstalt, Isidor Grunwald, berichtete 1901: *Die Knaben zu sauberen, ordnungs- und wahrheitsliebenden Menschen zu erziehen, die die Arbeit lieben lernen. Nach Erlangung der nötigen Schulkenntnisse sollen die Knaben – ohne Ausnahme – Handwerker werden, damit sie dereinst ihren Familien eine Stütze und ihren Brüdern in Rußland ein Vorbild seien.*[70]
Zehn Jahre zuvor war aus dem *Erziehungs-Haus in Pankow bei Berlin* das *II. Waisenhaus der Jüdischen Gemeinde zu Berlin in Pankow* entstanden. Das Gebäude nahm nun Waisenkinder oder Kinder aus schwierigen sozialen Verhältnissen aus Berlin auf, die für die scheidenden Knaben aus Osteuropa nachrückten. Die letzten verließen im Frühjahr 1893 die nun schon ehemalige Erziehungsanstalt bezeichnenderweise nicht, um nach Rußland zurückzukehren, sondern um dem großen Strom nach Amerika zu folgen. Die Einrichtung besaß von Anfang an eine eigene Privatschule, seit 1903 durch Stiftung auch eine Bibliothek und Kegelbahn, zwei Jahre später eine Turnhalle. Der Bau, in der Berliner Straße 120/121 ist, nach einem Brand im alten Komplex im April 1911, durch Alexander Beer, wie ehemals im großen Segmentbogen an der Straßenfront zu lesen, 1912/13 errichtet worden. Neben Schulräumen und Schlafsälen war hier auch Raum für praktischen Unterricht, eine Bibliothek und einen eigenen Synagogenraum.
Nachbarschaftshilfe leisteten Rosa und Josef Gárbaty-Rosenthal, das Zigarettenfabrikantenehepaar stiftete die Einrichtung der hauseigenen Synagoge, die von der Rückseite her gut durch ihre großen Fenster auszumachen ist. Ansonsten läßt das Gebäude heute von außen keine Rückschlüsse auf seine Funktion als Waisenhaus zu, da vor allem die Vergitterung vom Erdgeschoß bis zu den Dachfenstern an einen besonderen Aufbewahrungs- oder zu sichernden Ort denken läßt. Zuletzt

nutzte das sozialistische Kuba den Komplex für seine Botschaft. Nun steht er leer und verwaist, aber doch als beeindruckender Bau nahe dem S-Bahnhof Pankow.

Ein anderes öffentliches Gebäude erweckt den Eindruck, als sei es schon immer eine Bibliothek gewesen. Vor dem roten Ziegelsteinbau in der Mühlenstraße steht zudem auf einem Sockel eine Büste, die Ion Luca Caragiale ehrt, einen der bedeutendsten rumänischen Dramatiker und Novellisten seiner Zeit. Die unweit in der Parkstraße befindliche Botschaft Rumäniens bot an, der namenlosen Bibliothek zu einer Ehrung zu verhelfen. Aus Anlaß des 10. Jahrestages der Befreiung Rumäniens durch die Rote Armee verlieh eine feierliche Runde in Anwesenheit des rumänischen Botschafters Gheorghe Stoika am 19. August 1954 den Namen des Dichters, der 1904 nach Deutschland gekommen war und bis zu seinem Tod in Berlin lebte und arbeitete, wenn auch nicht in Pankow. Ein Jahr später kam es zur Aufstellung einer Mamorbüste Caragiales. Im Treppenhaus des Bibliotheksgebäudes erklärt ein Schaukasten, daß dieses 1896 eingeweihte Haus als „Lehrlingsheim Pankow" e.V. genutzt wurde. Dieser jüdische Verein hatte sich kurz vorher konstituiert. Ihm gehörten auch jüdische Ärzte aus Pankow wie Dr. Mendel an. Schon 1813 sorgte eine „Gesellschaft zur Verbreitung der Handwerke und des Ackerbaus unter den Juden im Preußischen Staate" für eine berufliche Umorientierung. Der spätere „Verein zur Förderung des Handwerks unter den Juden" sollte zur verstärkt angestrebten „Produktivierung" im Judentum beitragen. Fünf Jahre bevor der Neubau zur Verfügung stand, begann unter Aufsicht eines Leiters die Unterbringung von Lehrlingen zunächst noch in Mietshäusern, damals in der Mühlenstraße 1. Die Jugendlichen sollten Handwerksberufe ergreifen können, bedurften dazu aber entsprechender Unterstützung. Die unbefriedigende finanzielle und räumliche Situation führte zur Gründung des Vereins und zum Bau des eigenen Hauses in der Mühlenstaße 20, heute Nr. 24. Die Kapazität für 60 Zöglinge konnte aus Mangel an Geld, das zur Unterbringung notwendig gewesen wären, nie ganz ausgereizt werden. Auf dem rückwärtigen Teil des Grundstücks standen Werkstätten für Schuhmacherei oder Tischlerei, die auch hier gefertigte Möbel auslieferte. Im Waisenhaus in der Berliner Straße sorgte die Anstaltsleitung für die Berufsausbildung der Knaben. Das Pendant für Mädchen existierte in Vereinsform in der Mühlenstraße 77, etwas dichter zum Dorfanger gelegen als das Lehrlingsheim. Die Satzung beschrieb den Zweck, nämlich *arme deutsche Mädchen jüdischen Glaubens, insbesondere Waisen, zu dienstlichen Stellungen zu erziehen.* 1929 ist das

Rückfront des ehemaligen jüdischen Lehrlingsheims, links die Werkstattbaracken

Mädchenhaus Pankow nach Potsdam verlegt worden. Zwei weitere Wohlfahrtseinrichtungen befanden sich in Niederschönhausen. Der „Fürsorgeverein für hilflose Kinder e.V." mietete nach dem Umzug aus dem Stadtzentrum in der Kronprinzenstraße 1/2, einem heute unbebauten Grundstück am Majakowskiring, eine große Villa, bevor das Jüdische Säuglingsheim in der Moltkestaße (Wilhelm-Wolff-Straße) seine Arbeit begann. Die sozialen Umstände vieler Mütter machte eine solche Einrichtung notwendig, da Kinderheime nur ältere Kinder aufnahmen. Der zu DDR-Zeiten als Altersheim der Ost-Berliner Jüdischen Gemeinde genutzte Komplex liegt seit der Umbennung in der Wilhelm-Wolff-Straße 30-38.

Da, wo in der großen Villa in der Tschaikowskistraße 13 die Senatsverwaltung für Schule, Jugend und Familie ein Jugendfürsorgehaus unterhält, errichtete der Hilfsverein für jüdische Taubstumme in Deutschland e.V. auf dem 1911 erworbenen Grundstück der damaligen Kaiserin-Augusta-Straße 37 ein Altersheim, das 1912 fertiggestellt war und gut 50 betagte Taubstumme aufnehmen konnte. Eine Besonderheit dieses Hauses bestand in den hier abgehaltenen Gottesdiensten und Predigten für Taubstumme in den späten 20er und frühen 30er Jahren. Die Lage im Grünen, im besonderen in der Nachbarschaft des Schloßparkes Niederschönhausen oder der Schönholzer Heide, bewog die Förderer des Hilfsvereins genau wie die des Säuglingsheims zum Kauf der Grundstücke.

Gartenkolonie Felseneck

Januar 1932. Unruhe lag in der jahreszeitlich kühlen Luft. Seit ihrem guten Wahlabschneiden bei den Reichstagswahlen 1930 rangierte die NSDAP hinter der SPD als zweitstärkste Partei in Deutschland. Dieses Selbstbewußtsein trug ihr militanter Haufen, die Sturmabteilung, nicht nur im Namen zur Schau. Am 19. Januar überfiel ein SA-Trupp die in Reinickendorf-Ost am Schönholzer Weg gelegene Laubenkolonie „Felseneck". Sie zertrümmerte nicht nur zahlreiche Lauben, sondern verprügelte vor allem dort lebende linke Laubenpieper. KPD und SPD hatten zusammen im September 1930 sechsmal soviele Stimmen in diesem Gebiet bekommen wie die Nazis. Der gerade erst der KPD beigetretene Fritz Klemke büßte das mit seinem Leben. Die Felseneckstraße, bis 1937 Schönholzer Weg, erhielt nach dem Zweiten Weltkrieg seinen Namen. Die Regierung Brüning verbot am 13. April 1932 die SA wegen zunehmendem Radikalismus; es kam zum „Felseneck"-Prozeß, in dem der Rechtsanwalt Hans Litten als Nebenkläger gegen die SA auftrat. Eine Tafel am Justizpalast des Amts- und Landgerichts I in Berlin-Mitte erinnert an ihn. Die Straße vor dem imposanten Gerichtsbau trägt seit dem 10. Mai 1951 seinen Namen. Was die Nationalsozialisten dem Juristen Litten nicht verziehen, war sein Auftreten ihnen gegenüber vor dem Machtantritt – er ließ 1931 in einem Prozeß Hitler als Zeugen laden –, und seine Verteidigung im „Felseneck"-Prozeß. Ein Täter konnte nicht ermittelt werden, das Verfahren wurde eingestellt. Noch vor dem schriftlichen Eingang des Urteils am 10. März 1933 verhafteten die neuen Machthaber den Rechtsanwalt als ehemaligen Ankläger der SA. Littens Leidensweg endete im KZ durch Selbstmord. Seine Grabstelle befindet sich auf dem Friedhof Pankow III, also unweit jener Gartenanlage, die heute „Kolonie Straße vor Schönholz" heißt und seit 1938 nicht mehr zu Reinickendorf, sondern zum 19. Verwaltungsbezirk gehört.

Bei der Reichstagswahl vom 5. März 1933 erhielt die NSDAP in Pankow 38,4 % der Stimmen, die KPD lag knapp über, die SPD knapp unter 22 %, d.h. zusammengerechnet bei etwas mehr als 5 % über dem Stimmenanteil der Nazis. Die Rechtskonservativen brachten es auf über 10 %, was den Anteil an Beamten und Landbevölkerung widerspiegelte, die schon in der Vergangenheit Deutschnationale Volkspartei gewählt hatten. Doch die Zeit des sogenannten 37-Parteien-Systems war nun vorbei. Die NSDAP dominierte. Sie wollte die Gleichschaltung.

Enteignung und Vertreibung

Die Nationalsozialisten gingen schon bald offen gegen Juden vor, die im Zuge der „Arisierung" aus ihren Stellungen und Positionen gedrängt wurden. Der Geschäftsbericht der Engelhardt-Brauerei von 1932/33 vermerkt lapidar: *Der frühere Generaldirektor unseres Unternehmens, Herr Ignatz Nacher, ist am 30. Juni 1933 ausgeschieden und in den Ruhestand getreten.*[55] Nicht freiwillig, denn Nacher ist durch Rache eines ehemaligen Vorstandsmitgliedes aus dem Amt getrieben worden. Dieser Richard Köster hatte nach Meinungsverschiedenheiten mit dem Generaldirektor Nacher gehen müssen und schwärzte ihn nun wegen eines Grundstücksverkaufs am Alexanderplatz an, bei dem eine Spende im Spiel war, die Nacher gezahlt hatte. Die Nazis nahmen solche Informationen dankend an, die NSDAP ließ sich Meldungen wie: *Aufsichtsrat und Vorstand der Engelhardt-Brauerei AG sind seit einigen Monaten arisch zusammengesetzt,* gern gefallen.[71] Nach dem Ausscheiden Nachers aus seinen Funktionen erloschen im Zuge eines Vergleichs sein Pensionsvertrag und die Ansprüche seiner Ehefrau mit dem 30. Juni 1934. Er verlor alles, wie aus einem Schreiben des Rechtsanwaltes Max Hirschberg hervorgeht: *2,5 Mio. RM nom. Engelhardt-Brauerei-Aktien an die Stadt Berlin wegen angeblicher Schadensersatzansprüche* sowie *960.000 RM nom. Aktien an die Engelhardt-Brauerei-AG ohne Gegenleistung.* Köster übrigens war nun wieder drin, die Dresdner Bank im Aufsichtsrat und in den Vorgang insofern verwickelt, als Nacher seine restlichen Aktien zu 85 % an sie zu verkaufen hatte.[72] Ignatz Nacher, der sich um die Haltbarkeit und Lagerfähigkeit des Firmenbieres verdient gemacht hat, Direktor der Abteilung I in Pankow gewesen war, dort auch kurzzeitig wohnte, das Unternehmen über 30 Jahre mit leitete und führte, starb 1939 nach seiner Emigration in der Schweiz.

In jenem Jahr starb in Berlin Josef Garbáty-Rosenthal. Auf dem Friedhof in Weißensee befindet sich seine imposante Grabstätte im Feld D4. Seine Söhne gingen mit ihren Familien ins amerikanische Exil. Am 1. Juni 1938 lag ein Gutachten von Regierungs-Baumeister Ludwig Otte vor, das den gegenwärtigen Wert des Grundbesitzes von Josef Garbáty-Rosenthal in Berlin-Pankow auflistete: an Gebäuden 2.936.000,- RM, an Bodenwert 919.000,- RM. Die Gruppe Jakob Koerfer aus Köln erstand alles zusammen für 1.743.650,- RM, der Vertrag wurde am 9. November 1938 unterschrieben. In der Nacht vom 9. auf den 10. November inszenierten die Nationalsozialisten ein reichsweites Pogrom. Garbáty hatte ein paar Stunden zuvor sein Lebenswerk verloren. Die „Garbáty Cigaretten KG" suchte im Sommer 1939 beim Präsidenten der Durchführungsstelle des Generalbauinspektors um eine Genehmigung nach, *dass der Jude Josef Israel Garbáty-Rosenthal bis zu seinem Tode* in seiner Villa Berliner Straße 126/127 *wohnen bleiben darf.* Der Generalbauinspektor (GBI) brauchte freie Wohnungen auf Grund diverser Abrisse für die Realisierung der Nord-Süd-Achse. Ein Teil der Villa war schon in zwei Wohnungen aufgeteilt worden. Nach dem Tod Garbátys quartierte sich am 20. September 1939 die Fla. M.G. Reserve-Kompanie 35 einer Flak-Abteilung ein. Übrigens waren 1934 der Jungvolk- und H.J.-Bann 199 Berlin-Pankow an die Josef-Garbáty-Grundstücksverwaltung herangetreten mit der Bitte, eine Geschäftsstelle auf dem Grundstück Damerowstraße 1/2 einrichten zu dürfen. Beide Vereinbarungen kamen im November zustande. Als der „Arisierungsvertrag" unterschrieben wurde, stand kein Gebäude mehr auf dem Grundstück, und Jungvolk und HJ brauchten sich schon lange keine Abrißhäuser mehr zu suchen. Das auf dem Nachbargrundstück der Zigarettenfabrik stehende Waisenhaus der Jüdischen Gemeinde, für dessen Neubau Garbáty eine Synagoge gestiftet hatte, räumten die Nationalsozialisten spätestens 1942 endgültig. Seit dem 17. Dezember 1942 gehörte das Gebäude der Polizeiverwaltung des Deutschen Reiches, vertreten durch den Reichsführer SS und den Chef der Deutschen Polizei, Heinrich Himmler. Er gründete am 27. September 1939 durch Zusammenfassung zentraler Ämter das Reichssicherheitshauptamt (RSHA). Zum Amt IV, dem Gestapobereich Gegnerforschung und -bekämpfung, gehörten auch die Abteilungen

Das frühere jüdische Säuglings- und Kinderheim in der Wilhelm-Wolff-Straße

IV F, Paßwesen und Ausländerpolizei. Das Referat IV F 5, die Zentrale Sichtvermerkstelle (in jedem Paß gibt es viele Seiten Sichtvermerke), auf die wahrscheinlich die Vergitterung sämtlicher Fenster zurückgeht, befand sich laut einem Verzeichnis der Dienststellen des RSHA ab Dezember 1943 in diesem Bau. Nach Ende des Weltkrieges zogen große Teile der Bezirksverwaltungen ein, da im Pankower Rathaus die Sowjets saßen. Ebenfalls auf staatlichen Druck hin mußte das jüdische Lehrlingsheim in der Mühlenstraße 24 schon 1939 geräumt werden. Die Reichshauptstadt Berlin beabsichtigte, das Grundstück für 65.000 RM zu kaufen. Die Nationalsozialistische Volkswohlfahrt nutzte den Komplex als Kindertagesheim. Berlin erwarb vom Hilfsverein für Jüdische Taubstumme auch das Gebäude ihres Altersheims, dessen Bewohner bis Ende März 1940 ausziehen mußten. Die am Gebäude befindliche Hinweistafel auf eine Senatsverwaltung zeigt an, daß es bei diesen Eigentumsverhältnissen geblieben ist. Bis zum Herbst 1942 bestand gleichsam eine Gnadenfrist für die letzte jüdische Wohlfahrtseinrichtung, das jüdische Säuglingsheim. Eine Gedenktafel am Gebäude mit einem Motiv von Käthe Kollwitz zeigt an: SS VERSCHLEPPTE 1942 DIESE LEBENSFROHEN KINDER UND MORDETE SIE. SCHWEIGT NICHT, SAGT ES ALLEN MENSCHEN, MAHNT DIE VÖLKER.

„Judensiedlung"

Adolf Hitler schuf sich zu Beginn des Jahres 1937 eine ihm unterstellte Sonderorganisation zur Neugestaltung der Reichshauptstadt Berlin, dem zukünftigen „Germania". Der 30. Januar – der von den Nationalsozialisten stilisierte „Tag der Machtergreifung" – bot Reichskanzler Hitler die Möglichkeit, per Erlaß das Amt eines Generalbauinspektors (GBI) für Albert Speer einzurichten. Erst am 4. Oktober schob man das Gesetz über die Neugestaltung deutscher Städte nach, am 5. November eine entsprechende Verordnung über die Gestaltung der Reichshauptstadt. Im Zuge des Abrisses von Gebäuden, die der Neugestaltung im Wege standen, mußten Bewohner umgesetzt werden. Immerhin betraf das über 10.000 Mieter. Ersatzwohnungsbau in diesen Dimensionen scheiterte, die Räumungstermine wurden wieder und wieder verschoben. Es galt, bei Umzügen aus Vier-, Fünf- oder Sechs-Zimmer-Wohnungen gleichwertige anzubieten, die aber in öffentlich geförderten Neubauten nicht existierten. Speer sah sich nun genötigt, am 14. September 1938 höchstselbst an einer Sitzung zum Ersatzwohungsbau teilzunehmen. Da den räumungspflichtigen Personen perspektivisch keine größeren Wohnungen angeboten werden konnten, schlug Speer vor, *die erforderlichen Grosswohnungen durch zwangsweise Ausmietung von Juden freizumachen. Es würde dann erforderlich sein, statt der 2.500 Grosswohnungen schätzungsweise 2.700 Kleinwohnungen zu schaffen. ... Diese Kleinwohnungen würden am besten in einem geschlossenen Block der GSW den jüdischen Familien zur Verfügung gestellt werden.*[73] Der GBI skizzierte eine aus kleineren Wohneinheiten bestehende „Judensiedlung" am Rande der Stadt.

Das planerische Spiel war purer Ernst und bezog sich konkret auf ein Gelände unweit der Bahnlinie in Buch; dorthin sollten die Juden nach Kündigung ihrer größeren Innenstadtwohnungen ziehen. Speer berücksichtigte dabei lakonisch die vorausgesetzte Auswanderung und Vertreibung, indem er von der späteren Inbesitznahme der Siedlung durch „deutsche Volksgenossen" träumte: Eine „Zwischenlösung" vor der „Endlösung". Zur selben Zeit arbeitete das Reichsjustizministerium an der Aufhebung des bis dato noch unveränderten Mieterschutzes für jüdische Personen, bei dem die dazu befragte Speersche Behörde den Vorschlag einbrachte, einen Kündigungspassus ausschließlich der Neugestaltung Berlins wegen zu formulieren. Am 8. November 1938 reichte der Generalbauinspektor seinen Auftrag zur Realisierung der „Judensiedlung" zur zuständigen Berliner Behörde weiter. Voller Stolz rechnete er Einsparungen in Millionenhöhe auf, da die Erstellungskosten für Großwohnungen bedeutend höher wären. Nach dem Novemberpogrom signalisierte der Zugriff auf jüdischen Besitz eine ernste Gefahr für Speers „Umsetzungsprogramm", er beeilte sich, von Hermann Göring etwas Schriftliches gegen die Konkurrenten aus anderen Ministerien in die Hand zu bekommen. Ende November war erreicht, *daß dem Generalbauinspektor für die Reichshauptstadt ein Vorverkaufsrecht bzw. die Entscheidung über die erste Neuvermietung oder Neuverpachtung eingeräumt wird.*[74] Speer zog den Auftrag für die „Judensiedlung" in Buch zurück, die bis Oktober 1939 fertigzustellenden 1.500 Wohnungen wurden nicht mehr benötigt. Speer initiierte die Erfassung und Neubesetzung der von Juden bewohnten Wohnungen, die Schaffung der neuen Abteilung II/4 und den Aufbau einer sogenannten Judenkartei. Die Anfrage, ob Garbáty in seiner Wohnung bleiben dürfe, lag auf dem Tisch dieser Einrichtung. Die Speersche Neugestaltungsbehörde hatte später entscheidende Verantwortung bei der Auswahl der Juden für die ersten Deportationen, um durch den erzwungenen Auszug freien Wohnraum zu bekommen. In Pankow waren etliche Familien betroffen. Nach derzeitigem Forschungsstand sind 294 Pankower Juden deportiert worden.[75]

„Sind zu verlegen ..."

Die Gauleitung der NSDAP Berlin sandte am 31. August 1940 ein Schreiben an den Leiter der Städtischen Heil- und Pflegeanstalten Buch. Die Angelegenheit betreffe die Heimpatientin Emma Holland. Aktenzeichen: Heilbu H 8381. *Der Ehemann der obenbezeichneten Volksgenossin wandte sich hilfesuchend an meine Dienststelle und teilte mit, dass seine Ehefrau vom 31. 03. 1939 in der Städtischen Heil- und Pflegeanstalten Buch untergebracht war, wo sie sonntäglich von den Angehörigen besucht wurde. Am 21. 08. 1940 erhielt der Ehemann plötzlich eine Benachrichtigung über die Verlegung seiner Ehefrau in die Landesanstalt Landsberg/Warthe, ohne hierüber vorher verständigt zu sein. Die Oberschwester, bei der sich der Ehemann beklagte, soll die Antwort gegeben haben: „Seien Sie froh, dass Ihre Frau nicht nach Polen oder Österreich gekommen ist."* [76] Aus finanziellen Gründen sei er nicht in der Lage, die sonntäglichen Besuche nach Landsberg fortzusetzen, die Verbindung mit Zug und Bus wäre nicht günstig. Die Frage der NSDAP ging nun prinzipiell dahin, ob eine Rückführung möglich wäre, um Angehörige nicht zu verärgern. Doch das Schriftstück beeindruckte wenig. Handschriftlich wurde auf der Rückseite vermerkt: *Da die Heil- und Pflegeanstalt Buch aufgelöst und in ein Hospital umgeändert wird, müssen die Kranken in andere vom Hauptgesundheitsamt der Stadt Berlin angegebene Anstalten verlegt werden. Auch über Anträge auf Rückverlegung, die zur Zeit keine Aussicht auf Berücksichtigung haben, entscheidet das Hauptgesundheitsamt.* [76]

Am 20. August 1940 startete ein Transport mit 97 geisteskranken Frauen und 99 geisteskranken Männern. Mit ihm die 1878 in Berlin geborene Emma Holland, über die in der Liste die Eintragung steht: *nicht sterilisiert, Diagnose 6c, Verhalten ruhig.* Seit dem Frühjahr 1940 wurden geisteskranke Patienten in die Berliner Anstalten nach Herzberg, Wittenau oder Wuhlgarten verlegt, aber auch in die Landesanstalten Eberswalde, Landsberg/Warthe, Neuruppin, Obrawalde b. Meseritz und Wittstock. Mit Omnibussen und Zügen, Buch hatte Gleisanschluß, erfolgten die Transporte der gut 2.400 Patienten. Die Rubrik der von Verlegungen auszuschließenden Patienten wurde im Sommer in den Akten durch einen unterstrichenen Zusatz erweitert. Juden, selbstzahlende Kranke und *solche, die von der gemeinnützigen Krankentransportgesellschaft GmbH zum alsbaldigen Weitertransport bestimmt sind,* sowie Kranke, die zur Beobachtung oder auf gerichtliche Anordnung aufgenommen worden sind, durften nicht verlegt werden. [76] Die Hervorhebung wirkt wie ein beliebiger Hinweis, meint aber faktisch „Euthanasie", die Ermordung aller Geisteskranken und körperlich Mißgebildeten. Die Propaganda zur „Vernichtung lebensunwerten Lebens" – auch die gesetzlich vorbereitete – hatte schon wesentlich eher eingesetzt; die Nazis pervertierten das aus dem Griechischen stammende Wort Euthanasie, das eigentlich eine Erleichterung des Sterbens meint. 1937 bereits erteilte das Reichsinnenministerium der Anstalt Buch den Auftrag, die Personalien und Krankheitsbefunde aller Geisteskranken einzureichen. Die „Beseitigung" der Kranken sollte erst nach Ausbruch des Krieges beginnen, um die Tötungen besser geheimzuhalten. In Buch fand die „Vernichtung lebensunwerten Lebens" nicht statt, wohl aber der Abtransport zu entsprechenden Vernichtungsorten. Tarnbezeichnungen verschleierten die Beteiligung der Dienststellen. Die wichtigste Organisation für die Anordnung der Krankenverlegung ist unter dem Namen „Reichsarbeitsgemeinschaft Heil- und Pflegeanstalten" geführt worden. Nach dem Ermächtigungsschreiben Hitlers „evakuierte" eine andere, eigens dazu geschaffene Organisation nichteinsetzbare, arbeitsunfähige Patienten im ministeriellen Auftrag. Diese „Gemeinnützige Krankentransportgesellschaft mbH" (Gekrat) unterstand dem Amtsleiter der Kanzlei des „Führers", Reinhold Vorberg, der unter dem Decknamen „Hintertal" operierte. Sie setzte die berüchtigten langen, grauen „Gekrat"-Busse in Bewegung, die oft nur jene „Arbeitsfähigen" zurückließen, die durch diese Deklarierung dem Abtransport entzogen werden konnten. Vielleicht war diese Klassifizierung mutig, vielleicht entsprach sie auch jener Wahrhaftigkeit, die keine Konsequenzen nach sich zog. So auch in Buch mit einer *genehmigten Zahl von 150 Kranken.*[77]

Insgesamt lassen sich neun Transporte aus Buch mit dem Aktenvermerk „verlegt nach unbekannt" nachweisen.[78] Nach einem Abtransport von 200 Juden zu Vernichtungsstätten in Brandenburg erfolgte die Vergasung sofort.[79] Und auch verlegte, ehemalige Patienten aus Buch waren betroffen. *Die Kückenmühler Anstalten teilen mit Schreiben vom 10. Juni 1940 – hier eingegangen am 13. Juli 1940 – unter Übersendung von Listen mit, daß aus den Kückm. Anstalten durch die Gemeinnützige Krankentransport-GmbH, Berlin, 130 Frauen, deren Akten in unserer Anstalt geführt werden, verlegt worden sind. ... Es ist sofort festzuhalten, ob die Akten für die in namentlicher Liste aufgeführten Kranken, die am 14. Juni 1940 aus Kückenmühle nach unbekannt verlegt worden sind, bei uns geführt werden. Sodann hat die Benachrichtigung des Kostenträgers nach den bestehenden Bestimmungen sofort zu erfolgen. ... Die Entlassungen sind im Aktenreparatorium auszutragen. Berlin-Buch, 16. Juli 1940, Verwaltungsdirektor.*[80] Trotz strengster Geheimhaltungsstufe sickerten Informationen über das Verbrechen durch. Diverse Pannen ließen Gerüchte anwachsen. Die Kirchen protestierten bei Hitler und trugen damit zur offiziellen Einstellung der Tötung von Geisteskranken am 24. August 1941 bei. Die Morde der „Aktion T 4", nach der Adresse der Berliner Zentrale Tiergartenstraße 4 benannt, waren damit jedoch nicht beendet.

Hitler in Buch

Daß der psychisch kranke „Gröfaz" Hitler nicht in früheren Jahren nach Buch eingeliefert wurde, kann im Nachhinein noch bedauert werden. Er, der am 30. April 1945 Selbstmord verübte, kam hierher erst als Leiche, deren Überführung eine sowjetische Spezialeinheit übernahm. Mit ihm die Familie Goebbels, die einen Tag später Suizid begangen hatte. Am 8. Mai 1945 nahm eine kleine Gruppe von Gerichtsmedizinern unter Leitung von Dr. Schkarawskij die Obduktion des Toten vor, den Stalin eigentlich lebendig haben wollte. Die genaue Identifizierung Adolf Hitlers konnte anhand des Gebisses im Leichenschauhaus des zum Armeefeldlazarett gewordenen Städtischen Krankenhauses Buch erfolgen. Doch gibt es hinsichtlich des angefertigten Protokolls Nr. 12 Ungenauigkeiten. Ab diesem Protokoll verliert sich die Spur der Leiche Hitlers, die von Historikern bis heute mit Hartnäckigkeit weiterverfolgt wird.

Weltkrieg und Zwangsarbeitslager

Die Ecke Schonensche Straße/Baumbachstraße im sehr dicht bebauten Pankow-Süd erscheint wie weltkriegszerstört. Sie ist unbebaut, aber nicht ungenutzt; auf dem Grundstück Baracken, an das Nachbargebäude angelehnt. Hier stand nie ein Mietshaus. In unmittelbarer Nachbarschaft, in der Schonenschen Straße 29, befand sich die Dienststelle des „Sozial-Gewerk Berliner Handwerker e.G.m.b.H. – Kreis VIII, Berlin-Pankow".[81] In den 40er Jahren sollte an besagter Straßenecke ein Lager für 350 fremdländische Arbeitskräfte errichtet werden.

Ein Arbeitslager ist kein KZ, es wird nicht versteckt. Nur einige Minuten entfernt von den Baracken gab es die öffentlichen Luftschutzräume an der Schönhauser Allee. Auch die Lage an einer gepflasterten und regulierten Straße erwies sich als günstig, es waren Anschlüsse für Wasser, Gas und Licht vorhanden sind. In der Baubeschreibung vom 1. No-

116

vember 1942 durch die „Gebr. Spiegel, Barackenbau, Bln.-Weißensee, Straßburgstraße 15/17" war die Gemeinschaftshalle für 350 Mann mit 15,04 x 31,25 x 3,50 Meter angegeben, dazu ein unterkellertes Küchengebäude zur Beköstigung von 1.250 Personen, ein Wasch- und Badehaus mit Heizanlagen und die Wohn- und Schlafbaracken, in denen getrennt 50 Frauen und 300 Männer untergebracht werden sollten, die über Aborte und Waschräume verfügten, am Eingang über Windfänge. Holzteile wurden feuersicher gespritzt. Man traf Vorsorge. Das war die Planung, nicht die Realität. Die Inbetriebnahme erfolgte mit einem Jahr Verspätung, Mitte Januar 1944. Schwierigkeiten im Baugewerbe und viele hemmende Vorschriften des Bauamtes Speer waren die Ursache, nicht die Finanzierung des Sozial-Gewerke-Projekts. Die Volksbank Pankow versuchte noch in der Nachkriegszeit nach alliiertem Kontrollratsbeschluß ihre Außenstände einzuziehen, die das Barackenprojekt betrafen. Die Eigentumsverhältnisse an den Baracken konnten nicht sofort geklärt werden, und es hieß im Dezember 1946: *Dem Vernehmen nach sollen die Baracken später von der ehem. DAF übernommen worden sein. Vermögenswerte der DAF sind auf den FDGB übergegangen.* Inzwischen waren die Baracken nicht nur vom Magistrat beschlagnahmt, sondern auch Baumaterialien durch das Jugendamt wiederverwendet worden. Das Gelände wird heute gewerblich genutzt.[81]

Es war nicht das erste und einzige Zwangsarbeitslager in Pankow. Davon gab es mehr als vermutet, wenn auch zum Großteil nur vage Angaben darüber existieren: in Pankow und Niederschönhausen, in Rosenthal und bei Blankenfelde, nicht zu vergessen in Buch. Am häufigsten nennen die Quellen sowjetische Arbeitskräfte, einmal differenziert Ukrainer, aber auch Jugoslawen, Italiener und Belgier. Auffällig viele Lager befanden sich während des Zweiten Weltkriegs in der Schönholzer Heide. Zwangsarbeitskräfte beiderlei Geschlechts aus der Sowjetunion, der Tschechoslowakei, Polen, Frankreich und Jüdinnen aus Ungarn hausten in Baracken oder vorhandenen Festbauten auf dem Gelände des Lunaparks, an der Bismarckstraße (Hermann-Hesse-Straße) oder im Bereich der Restauration „Schloß Schönholz".[82] Die Deutsche Waffen- und Munitionsfabriken AG Berlin-Borsigwalde oder die Argus-Motorenwerke aus Berlin-Reinickendorf belegten Komplexe mit „ihren" Zwangsarbeitern, ebenso nutzten die Bergmann-Elektrizitätswerke durch einen Vertrag die Thiemannschen Festsäle in der Straße vor Schönholz, die im Jahre 1940 insgesamt 400 Quadratmeter anboten.[83] Heute erinnert nichts mehr an die namenlos gebliebenen, nach Deutschland zwangsverpflichteten ausländischen Arbeitskräfte.

Den Bergmann-Elektrizitätswerken in Wilhelmsruh ging es schlecht, sonst hätte man 1929 nicht das Weddinger Werk an Osram verkauft. Mit dem Nationalsozialismus ging es aufwärts mit der Firma, da Betriebsteile auf Rüstungsproduktion umgestellt und nun Zünder, Zündschrauben, Granaten und Kartuschen hergestellt wurden. 1939 sprach der Generaldirektor von einem Verhältnis des normalen Geschäfts zum Heeresgeschäft von 60 zu 40. Bald mußten wegen des Kriegsbeginns fehlende Arbeitskräfte kompensiert werden, und vor den Betriebstoren entstanden ab 1940 ganze Barackenkomplexe; allein an der Lessingstraße waren 21 Mannschaftsbaracken konzentriert. Eine Statistik vom 27. Mai 1942 wies neben den 6.394 Arbeitern und Angestellten zusätzlich 1.499, in der Hauptsache männliche ausländische Arbeitskäfte aus.[84] Kriegsgefangene und zivile Arbeitskräfte aus der Sowjetunion hausten unter schlimmsten Bedingungen, eine Vielzahl von ihnen war in die Reichshauptstadt verschleppt worden, nachdem Hitler entschieden hatte, den Einsatz sowjetischer Kriegsgefangener in der Industrie zu befürworten. Das Schreckgespenst Bolschewismus wich einer kriegswirtschaftlichen Notwendigkeit, obwohl nach internationalem Kriegsrecht ein Einsatz von Kriegsgefangenen in der Rüstungsproduktion verboten war. Wer wollte Bergmann und die Nazis daran hindern? Am 23. April 1945 besetzte die Rote Armee das Werk, das zu 75 % zerstört war.

Als in der Nacht vom 6. auf den 7. Juli 1940 im Bereich des Amtsgerichtes Kissingenstraße und Hiddenseestraße die ersten Bomben auf Pankow fielen, trieb Neugierde die Menschen auf die Straße. Noch handelte es sich um eine völlig neue Kriegserfahrung in der Stadt. Als am 3./4. September 1943 eine schwere Mine sieben Häuser am Schloßpark/Ecke Kavalierstraße wegriß, war dies bittere Realität und ein zur Gewohnheit gewordenes Bild der Zerstörung. Schlimmeres sollte folgen. Die öffentlichen Betonbunker wie an der Straße vor Schönholz, auf dem Krankenhausgelände Galenusstraße und anderswo reichten bei weitem nicht aus, so daß Luftschutzkeller in den Häusern eingerichtet wurden; eine Notlösung, die nur im günstigsten Falle Schutz bot. Deutsche Flieger trugen gegen Ende des Krieges zur Zerstörung bei. Am 24. April 1945 wurde die Restauration „Zum Kurfürsten" in der Berliner Straße 102 durch eine deutsche Brandbombe zerstört, deutscher Beschuß führte zu einer Feuersbrunst in der Stubnitz- und Neumannstraße und in der Florastraße.[85]

Nach der Schlacht

Das Sowjetische Ehrenmal

Den Volkspark Schönholzer Heide durchschnitt die Anfang des Jahrhunderts benannte Germanenstraße, auf die die Walhallastraße rechtwinklig zuläuft. Wotan versammelte in der Totenhalle Walhalla die im Kampf Gefallenen. Innerhalb der Volksparkanlage führt von dem Rundplatz an der Germanenstraße eine mit Linden bepflanzte Allee in Richtung eines Obelisken, vor dem eine dunkle, überlebensgroße Figur vor einer Art Sarkopharg mit einem aufgebahrten Toten auszumachen ist. Nicht Wotan, sondern die russische „Mutter Erde", nicht die Walhalla, sondern ein sowjetisches Ehrenmal befindet sich hier.

Zwei Pfeiler, an denen bronzene Kränze hängen und auf denen bronzene Schalen mit züngelnder Flamme stehen, geben mit russischer und deutscher Inschrift einen deutlichen Hinweis: DEN HELDEN ZUM EWIGEN GEDENKEN. Am Ende der Allee der freie Eingang in die Anlage durch zwei pylonähnliche Gebäude mit Bronzereliefs, die das kämpfende und trauernde Sowjetvolk symbolisieren sollen. Es gibt nur diesen einen Zugang in die Gedenkstätte, die vor allem ein Friedhof ist. *Entblößt das Haupt! Hier sind sowjetische Soldaten, Helden des Großen Vaterländischen Krieges 1941-45, zur ewigen Ruhe gebettet.* Der letzte Satz fehlt seit dem Abzug der Bewachung nach der deutschen Vereinigung. Es ist zu vermuten, daß Jugendliche die Buchstaben entfernt haben, der

Sowjetisches Ehrenmal in Schönholz

Abdruck jedoch läßt Lesbarkeit zu. *Sie gaben ihr Leben für Eure Zukunft!* Über 13.200 Soldaten und Offiziere, die im „Großen Vaterländischen Krieg" auf sowjetischer Seite gefallen sind, als in und um Berlin der Endkampf tobte, wurden hier beigesetzt, darunter auch 120 im Militär dienende Frauen. Große Probleme bereitete die Identifizierung, da Soldaten und Offiziere keine Erkennungsmarken trugen. Die namentliche Erfassung gelang nur bei 2.647 Toten, über 10.000 Rotarmisten blieben ungenannt. Der Friedhof in der Schönholzer Heide ist damit der größte Gefallenenfriedhof in Berlin, der genauso wie die eher errichteten Ehrenmale in Tiergarten und Treptower Park innerhalb einer großen Volksparkanlage liegt.

Ab Mai 1947 begannen unter schwierigsten Bedingungen auch Zwangsverpflichtete und ehemalige sowjetische Kriegsgefangene mit wenigen Maschinen und Werkzeugen die Arbeiten am Ehrenmal nach Plänen eines sowjetischen Kollektivs. Steinmetze, Bildhauer und Hilfskräfte in großer Zahl arbeiteten an der Realisierung der ca. 3 Hektar großen Anlage, in deren Zentrum ein 33,5 Meter hoher Obelisk mit integrierter Trauerhalle steht. Das Ehrenmal in Treptow fiel dreimal so groß aus; hier wie da soll Gesteinsmaterial aus der Hitlerschen Reichskanzlei verwendet worden sein. Die bekannten Gießereien Lauchhammer und Noack in Berlin arbeiteten wie eine Vielzahl anderer Firmen für das Projekt. Am 7. November 1949, dem Tag der „Großen Sozialistischen Oktoberrevolution", fand die feierliche Einweihung des Komplexes statt. Nach nunmehr 50 Jahren müßte er dringend restauriert werden.

Einmarsch und Besatzung

Am Rande des Bucher Schloßparkes steht ein kleinerer Steinobelisk, der an die hier im Frühjahr 1945 beigesetzten Gefallenen der Roten Armee erinnern soll, die später nach Schönholz umgebettet wurden. Die Truppen der 1. Belorussischen Front stießen mit ihren Kontingenten auch von Nordosten in die Reichshauptstadt Berlin vor. Die 3. Stoßarmee befreite schon am 21. April große Teile des Pankower Bezirkes und beerdigte ihre Toten vorübergehend auch in Buch.

Pankow überrollten die sowjetischen Verbände relativ schnell und ungehindert. Es wurde ihnen kaum Widerstand entgegengebracht. Viel wichtiger erschien den deutschen Militärs das Halten der sogenannten „Zitadelle", des innersten Verteidigungsbereiches mit Reichstag und Reichskanzlei. *Für Pankow war dieser „Tag Null" bereits sieben Tage vor der*

Kapitulation der Innenstadt, nämlich an jenem 25. April gekommen, da sich die Streitkräfte der Faschisten bis zur Barrikade an der Soldiner Straße zurückgezogen hatten. Damit wurde zugleich auch das sogenannte Nordbahnviertel frei, ... das früher zu Pankow gehörte und wo ich wohnte, beschrieb Karl Grünberg in seiner Autobiographie seine Aktivitäten 1945. *Es war allerhöchste Zeit, daß etwas geschah, um das Chaos zu meistern. Also mußte erst einmal ein Apparat von Helfern organisiert werden, wobei ich auf eine Reihe mir von früher her bekannter Antifaschisten zurückgriff. Noch am Nachmittag des ersten Befreiungstages, während noch vom Gesundbrunnen aus die Granaten über uns hinwegsausten und noch die Kampfflieger am Himmel kreisten, traten wir in den Räumen einer stillgelegten Gastwirtschaft, Wollank-/Ecke Schulzestraße zu unserer ersten Besprechung zusammen. ... Als wir am anderen Tag ein Pappschild: „Volkskomitee für den Wiederaufbau" anbrachten, kamen die ersten Helfer.*[86]

Die russische Kommandantur, die sich im Pankower Rathaus eingerichtet hatte, reagierte zunächst auf den Bittsteller nicht. Das Volkskomitee klebte einen Aufruf, um wichtige Arbeiten in Gang zu setzen: Freimachen der Straßen, Beseitigung von Leichen und Tierkadavern, Säuberung der Keller und Höfe, eine Bestandsaufnahme des benutzbaren Wohnraumes. Dazu sollten die Luftschutzwarte der Häuser die Wahl eines Hausvertrauensmannes leiten, der dann die Durchführung dieser Maßnahmen zu organisieren und zu überwachen hatte. Das Pankower System der Hausvertrauensleute sei auch anderswo nachgeahmt worden, schreibt der Kommunist Grünberg. Der sowjetischen Militärpolizei entging diese deutsche Umtriebigkeit nicht, und sie bestellte Grünberg aufs Rathaus. Das Blatt wendete sich. *Aus einem „hochnotpeinlichen Verhör" wäre fast eine literarische Diskussion geworden,* denn den Schriftsteller Grünberg kannten die Sowjets. [87] Seine „Brennende Ruhr – Roman aus der Zeit des Kapp-Putsch" erschien dort in hoher Auflage und war gar verfilmt worden. Das Volkskomitee wurde zwar namentlich, aber nicht von der Sache her verboten. Aus ihm ging *der erste Bezirksmagistrat Pankows hervor. Mich betraute die Kommandantur mit den Pflichten des Amtsgerichtsdirektors.*[87]

Am 12. August 1945 registrierte eine Zählung 128.563 Einwohner, davon 80.757 weiblichen Geschlechts. Ende des Jahres 1947 erreichte die Anzahl der Pankower Bewohner 149.106 und damit in etwa den Bevölkerungsstand von 1938. Eine große Zahl Flüchtlinge aus den Ostgebieten, Zehntausende zum Teil nur kurzzeitig, traf im Bezirk Pankow ein und wurde in Notunterkünften, vor allem Schulen, untergebracht. Das Hauptamt für Statistik erstellte bis 1946 eine Übersicht über den

Gebäudezustand in Groß-Berlin nach Beendigung der Kampfhandlungen. Von allen Berliner Bezirken wies Pankow nur 407 Totalzerstörungen auf, d.h. hier gab es die wenigsten totalen Gebäudeverluste. Köpenick rangierte an zweiter Stelle mit 533, Bezirke wie Tiergarten oder Mitte beklagten hingegen 2.429 bzw. 3.573 Totalzerstörungen. 292 Gebäude in Pankow zeigten schwere Schäden, 619 schienen wiederherstellbar. Am 13. April 1946 lag eine Auflistung der Wohnungen in Dauerbauten vor, anhand derer noch einmal der Zuschnitt Pankows abgelesen werden kann: 794 Ein-Raum-, 9.014 Zwei-Raum-, 20.008 Drei-Raum, 8.772 Vier-Raum- und 3.922 Fünf-Raum- und Mehrraumwohnungen standen zur Verfügung.[88]

Um den Zustand der Groß-, Klein- und Gewerbebetriebe sah es nach Kriegsende nicht besser bestellt aus als anderswo in der Stadt. Der Besitzer der „Aluminium-Kokillenguß und Spritzguß-Fabrik" wandte sich persönlich an die sowjetische Militärkommandantur im Rathaus Pankow. Paul Pfalz erläuterte in seinem Brief vom 23. August 1945: *Ich bin verpflichtet, meinen Betrieb wieder voll laufen zu lassen auf Grund des Befehls Seiner Exzellenz des Herrn Generalmarschalls Shukow und habe ein Interesse, meine alte Belegschaft 20 bis 40 Personen baldigst wieder zu beschäftigen, damit sie den amtlichen Stellen nicht zur Last fallen.*[89] Er habe Aufträge im Wert von 445.020 RM bekommen, für die er Material benötigte. Die Bankguthaben bei der Preußischen Staatsbank seien aber gesperrt. Die Firma fabriziere Gußteile, die in der technischen Industrie benötigt würden: beim Bau von Apparaten für Ärzte und Krankenhäuer, für das Verkehrs- und Nachrichtenwesen und auch von Haushaltsartikeln. Russische Truppenteile, die das Grundstück besetzten und gebrauchten, hätten alle vorhandenen Materialvorräte im Wert von 344.558 RM ausgeräumt, was gewichtsmäßig 315 Tonnen Rohmaterial bedeute: Silumin, Aluminiumlegierungen, Rein-Aluminium und Zinklegierungen in Platten und Stangenform. *Es sind 13 verschiedene Metallegierungen ... beschlagnahmt ... worden, die ... in der normalen Gussherstellung keine Verwendung finden können. Das Umschmelzen und Reinigen würde mit bedeutenden Kosten verbunden sein.*[89]

Die Spritzguß-Fabrik befand sich südwestlich vom Bürgerpark, an der Wilhelm-Kuhr-Straße 65, das 2.200 Quadratmeter große Grundstück zeigt noch heute einen Rest Fabrikbebauung. In den Nachkriegsunterlagen ist vermerkt, daß Kontorgebäude und Garage durch Spreng- und Brandbomben zerstört wurden und nur noch das Fabrikgebäude existierte, dessen beschädigter Dachstuhl notdürftig wiederhergestellt werden konnte. An diesem Zustand hat sich bis heute nichts wesentliches geändert. Zustände bekam vermutlich auch der Gußfabrikbesitzer Paul Pfalz, als Ende 1945 ein amtliches Schreiben anzeigte, daß er für vier Monate mit der Zahlung der Grundsteuer und Straßenreinigungs-gebühr in Höhe von 294,87 RM im Rückstand sei. Dabei war das Grundstück von den Sowjets besetzt. Pfalz konnte jedoch auf Antrag eine „Ausgleichshilfe" bekommen, die seinem Steuerkonto angewie-sen wurde.

Sachsenhausenprozeß

Vom 23. April 1945 bis zur Schlüsselübergabe durch den sowjetischen Bezirkskommandanten an die deutsche Verwaltung am 18. Januar 1950 arbeitete die Sowjetische Militärkommandantur im Rathaus Pankow. Im Erdgeschoß des Gebäudes hängt bis heute eine Tafel mit der In-schrift: *Im Pankower Rathaus wurden Ende 1947 die Nazi-Verbrecher des KZ-Sachsenhausen durch ein sowjetisches Militärgericht ihrer gerechten Strafe zugeführt.* Zum Tode verurteilt wurden die Angeklagten nicht, seit dem 26. Mai des Jahres war die Todesstrafe in der Sowjetunion offiziell abgeschafft. Es handelte sich um einen denkwürdigen Prozeß, der an-ders verlief als jene des Internationalen Militärgerichtshofes in Nürn-berg, die schon am 20. November 1945 begannen. Er blieb der erste und einzige öffentliche Prozeß vor einem sowjetischen Militärtribunal. Vom 23. bis 31. Oktober 1947 wurde gegen 13 Mitarbeiter der SS-Lagerver-waltung des KZ Sachsenhausen, einen zivilen Beamten des SS-Wirt-schaftsverwaltungshauptamtes und zwei Funktionshäftlinge wegen Kriegsverbrechen und Verbrechen gegen die Menschlichkeit verhan-delt. Der Kommandant des nördlich von Berlin gelegenen Konzentrati-onslagers in Oranienburg, Anton Kaindl, sah in der Ermordung von Häftlingen nicht nur eine politische, sondern auch eine soldatische Pflicht. Von 1936 bis 1945 verzeichnete das Lager über 200.000 Häft-linge aus 47 Nationen, von denen Zehntausende die Befreiung am 22. April 1945 nicht erlebten. Für das sowjetische Militärgericht spielte vor allem die Tötung russischer Kriegsgefangener eine entscheidende Rolle. SS-Oberscharführer Knitter gab für die Zeit nach dem Überfall auf die Sowjetunion im Juni 1941 bis 150 erschossene Häftlinge pro Tag an. Der evangelische Pfarrer Heinrich Grüber sagte als ehemaliger Häftling und Zeuge aus. Er war im Dezember 1940 wegen seines Engagements gegen die Deportation von Juden verhaftet und nach Sachsenhausen transportiert worden und hatte dort Erschießungen miterlebt. Die Urteilsverkündung am Ende des Tribunals lautete für 14 Angeklagte „Lebenslänglich mit Zwangsarbeit", zwei Angeklagte bekamen 15 Jahre Haft, ebenfalls bei Zwangsarbeit in der UdSSR. Fünf Verurteilte starben während der Haft im sowjetischen Lager Workuta, darunter Anton Kaindl. Die anderen Inhaftierten wurden bis 1955 im Zuge der Rückkehr deutscher Kriegsgefangener freigelassen. Sie gingen bis auf eine Ausnahme in die Bundesrepublik, wo ihnen zum Teil weitere Prozesse bevorstanden. Der SS-Lagerarzt Hans Baumkötter durfte weiterpraktizieren. Der „Henker von Sachsenhausen", Funktionshäftling Paul Sakowski, entschied sich für die DDR, wo er sofort inhaftiert wurde. Nach seiner Entlasssung lebte er unter anderem Namen.

„... die Räumung durchzuführen"

Alltag in den ersten Nachkriegsmonaten: Behörden forderten und mahnten Zahlungen, unabhängig davon, wie die tatsächlichen Verhältnisse der Betroffenen aussahen. Auf Bezirksebene bearbeitete ein „Amt für Kriegsschäden- und Besatzungskosten" Anträge auf diverse Ausgleichshilfen für betroffene Bürger.

Hermann Landgrebe wohnte in der Goethestraße 7 in Wilhelmsruh. Das architektonisch wirkungsvolle Nachbarhaus auf dem Eckgrundstück war Sitz der sowjetischen Kommandantur, die erste Etage seines Zwei-Familienhauses seit Juni 1945 von Oberleutnant Petrow mit Frau und Kind belegt. Der erste Jahrestag der Befreiung vom Hitlerfaschismus, der 8. Mai 1946, lag schon einige Tage zurück, als der 77jährige Rentner Landgrebe einen „Antrag auf eine Ausgleichshilfe für Vermögensnachteil infolge einer nach dem 5. Juni 1945 erfolgten Besatzungsleistung" stellte. Seine Paterrewohnung sei bis September 1945 ebenfalls belegt gewesen, so daß er 16 Wochen im Vorkellereingang zugebracht habe, heißt es da. In der Waschküche habe er das Wenige gekocht, aber nicht tagtäglich, denn im Haus wohnten Familien. Mieteinnahmen bekam Landgrebe nicht, wie auch von offizieller deutscher Seite keine Rente; lediglich 35,- RM Sozialhilfe. Eine Haushaltshilfe könne er in seinem Alter und Zustand gut gebrauchen, aber dafür reiche das Geld nicht. Die Versicherungsanstalt Berlin habe ihm seit Mai 97,- RM zugestanden. Mitglied der NSDAP und anderer Organisationen sei er nicht gewesen.[90]

Landgrebe konnte immerhin in seinem Haus bleiben; andere Häuser beschlagnahmte die Besatzungsmacht ganz, und das Wohnungsamt

Pankow mußte den betroffenen Personen neuen Wohnraum zu-weisen. Dabei ging es entgegen den ortsüblichen Berichten nicht nur um von Sowjets genutzte Häuser.

Die Eigentümerin des Grundstücks Homeyerstraße 13, Gertrud Selkes, beklagte zunächst, daß 1945 in ihrem Haus *acht Offiziere ... ferner neun Offiziere und zehn Mannschaftsmitglieder der russischen Besatzungsmacht* untergebracht wurden. *Für diese Zeit mußten mein Mann und ich in einem anderen Haus Wohnung nehmen und ich mußte für diese Herren entschädi-gungslos arbeiten. Vom 27. August 1945 bis Februar 1946 mußte ich auf An-ordnung des Wohnungsamtes, Berlin-Pankow, mein Haus einer polnischen Delegation von durchschnittlich zwanzig Personen zur Verfügung stellen.*

Die Eheleute Selkes, die längst in einer zugewiesenen Wohnung lebten, trugen beim Bezirksamt außerdem vor, ihren Garten nicht mehr nutzen zu können, wodurch ihnen zusätzliche Kosten entstünden. Der neue Nutzer des Grundstücks hingegen teilte mit, der Garten werde nicht be-nutzt und stehe somit den Hausbesitzern zur Verfügung. Der Absender: Vojna Misija Federativne Narodne Republike Jugoslavje Kod Kontrolnog veca za Nemačku u Berlinu, die Jugoslawische Militärmission der Förde-rativen Volksrepublik, die in Pankow einige Grundstücke besaß. Sie infor-mierte am 20. Juli 1949 das Amt für Kriegsschäden und Besatzungsko-sten, der Sowjetischen Militäradministration die Häuser Pfeilstraße 14a, Homeyerstraße 9 und 13 zur Verfügung zu stellen. Eingezogen ist in Nr. 13 dann wenig später der Schriftsteller Arnold Zweig, der dort bis zu seinem Tod lebte und arbeitete. Selkes waren und blieben draußen.[91]

In der Nachbarschaft ereignete sich 1945 eine den Zeitumständen ge-schuldete „Köpenickiade". Auf dem Wohnungsamt Pankow erschien eine Frau, Angehörige der russischen Polizei mit Namen Nascholde, in Begleitung eines russischen Offiziers. Sie forderte die Einweisung in ein kleines Haus Homeyerstraße 29, deren Besitzer ehemalige Parteige-nossen der Nazis gewesen waren. Ihre Zuweisung in das Haus des Dr. Wilhelm van Moll bekam Frau Nascholde am 17. Juli 1945. Frau Nascholde nannte sich auch Anja Becker, unternahm Festsetzungen und Verhaftungen ehemaliger nationalsozialistischer Parteigenossen und erhielt nach ihrem Auszug aus der Homeyerstraße eine Einweisung in die Grabbeallee 24, in die Wohnung des Parteigenossen König, der inhaftiert war. Dann flog Frau Nascholde auf: Ihr angeblicher Ehe-mann, der sich für einen russischen Offizier ausgegeben hatte, sei er-schossen worden, heißt es in den Akten.[92]

Eine besondere Straße in Pankow ist der Majakowskiring. Ursprünglich unterteilt in die Victoriastraße auf der Südseite und die Kronprinzenstraße auf der Nordseite, wurden beide im Sommer 1950 unter einem Namen zusammengefaßt. Der diesen Straßenverlauf in der Mitte durchschneidende Eisenmengerweg erhielt 1951 den Namen Majakowskiweg.

Grundsätzlich ist festzustellen, daß alle Gebäude in der Kronprinzen-, Victoriastraße und im Eisenmengerweg von der Besatzungsmacht beschlagnahmt worden sind und wir lediglich die Räumung durchzuführen hatten, ließ Bezirksbürgermeister Bruno Mätzchen Ende Oktober 1945 an einen Grundstücksbesitzer ausrichten.[93] Durch Befehl Nr. 124 der Sowjetischen Militäradministration in Deutschland (SMAD) vom 30. Oktober 1945 wurde die Beschlagnahmung dauerhaft. Die Eigentümer oder Verwalter der Hausgrundstücke konnten für unterschiedliche Sachverhalte eine Ausgleichshilfe bekommen. *Auf Grund der Anordnung der Alliierten Kommandantur Berlin Nr. 409 vom 24. Oktober 1946 hat der Magistrat der Stadt Berlin für die seitens der Militärbehörden benutzten Gebäude und Immobilien Entgelt, d.h. eine Vergütung für Mietausfälle zu gewähren.*[94] Häufig prasselten Einsprüche gegen Instandhaltungskosten auf die Amtstische. Eigentümer und Verwalter kamen aufgrund der militärischen Abriegelung des Viertels nicht mehr an ihre Grundstücke heran und konnten nur von außen geltend machen, daß bestimmte Reparaturen und Veränderungen nicht notwendig gewesen wären.

Häufig hatten die Betroffenen noch ganz andere Sorgen. An das Amt für Besatzungskosten beim Bezirksamt Pankow datiert ein Brief vom 21. Juli 1946, abgeschickt aus Holzsußra in Thüringen. *Im Juli 1945 mußte mein Hausgrundstück Berlin Niederschönhausen Victoriastraße 21 geräumt werden. Sämtliche Möbel Teppiche Gardinen und sonstiger Hausrat mußten im Haus verbleiben. Es ist inzwischen ein Jahr vergangen ohne das mir an Miete und Benutzung meines Mobiliars irgend etwas gezahlt worden wäre. Ich erlaube mir daher die Anfrage, ob ich das Hausgrundstück mit samt dem Mobiliar kostenlos zur Verfügung stellen muß oder ob mir eine Entschädigung zusteht. Hochachtungsvoll Carl Schwabe.* Im Antwortschreiben hieß es, Schwabe habe einen ausführlichen Antrag zu stellen und *außerdem ... eine Bescheinigung des Wohnungsamtes ... beizubringen.* Die bekam er. *Zur Vorlage beim Amt für Besatzungskosten beim Bezirksamt Pankow wird bestätigt, dass das Grundstück in Berlin-Niederschönhausen, Victoriastraße 21, mit Wirkung vom 1. August 1945 ab im Auftrage der Besatzungsmacht für Herrn Johannes R. Becher beschlagnahmt wurde.*[95]

Der Schriftsteller Becher kehrte aus dem Moskauer Exil nach Deutschland zurück, mit wenig Gepäck und ohne Wohnungseinrichtung. Er setzte sich in das gemachte Nest, das ihm angeboten wurde, er hatte andere Aufgaben, als sich um das Schicksal eines Menschen zu kümmern, der am Leben geblieben und nicht interniert war. Indes bemühte sich Schwabe um seine Mieteinnahmen. *Den Wert der Wohnung des gesamten Hauses beziffere ich auf 3.600,- RM jährlich.* Für Schwabe betrug der Gesamtwert des Anwesens 90.000 RM, von dem er zur Mietberechnung 4% im Jahr angab. In einer Mitteilung an das „Bezirksamt Pankow von Groß-Berlin, Amt für Besatungskosten Berliner Straße 120/121" heißt es, die Bewohner des Hauses Victoriastraße 21 hätten an die Treuhandstelle gezahlt. Becher galt ja nicht als Militärangehöriger. Die Deutsche Treuhandverwaltung des sequestrierten und beschlagnahmten Vermögens im sowjetischen Besatzungssektor der Stadt Berlin, Französische Straße 15, erklärt am 22. Juli 1948: *Das oben bezeichnete Grundstück unterliegt der Beschlagnahme gemäß Befehl Nr. 124 der SMA vom 30. 10. 1945. Mit der Verwaltung desselben ist die Groß-Berliner Grundstücksverwaltungs A.-G. Berlin NW 7 Dorotheenstaße 19 von uns beauftragt.* Schließlich wurde das Wohnhaus Becher, ehemals Schwabe, heute Majakowskiring 34, wie viele andere Grundstücke im Zusammenhang mit der Gründung der DDR mit Wirkung vom 14. November 1949 Volkseigentum nach Liste 3, Nr. 806.[95]

So auch im Eisenmengerweg 19. Oberingenieur Otto Ladendorf mußte sein Einfamilienhaus am 12. August 1945 auf Anordnung des Wohnungsamtes für Zwecke der Roten Armee räumen, wie es offiziell hieß. Eingezogen ist am 13. August einer der Spitzenfunktionäre der KPD, Anton Ackermann, Rückkehrer aus dem Moskauer Exil. Schon Ende August quartierte ihn seine Partei in die Kronprinzenstraße 24 ein. Das Haus im Eisenmengerweg stand dann über einen Monat leer. Ladendorf, der versicherte, niemals Mitglied der NSDAP und ihrer Gliederungen gewesen zu sein, beantragte eine Ausgleichshilfe beim Bezirksamt für Besatzungsleistungen und begründete dies mit den hohen Kosten für Ausbildung und Unterhalt beider Kinder. Ende November bekam er zur Antwort: *Bei der Sachlage kann von einer Besatzungsleistung Ihrerseits keine Rede sein und wir stellen anheim, sich wegen der Mietregulierung an das Wohnungsamt Pankow zu wenden. Ihrem Antrag vom 01. 09. 45 sehen wir daher als erledigt an. Besatzungskostenamt Pankow.*

Ladendorf war verzweifelt. Die Besatzungmacht gab den Befehl zur Räumung, in seinem Haus aber wohnten Deutsche, wodurch er keine Ausgleichshilfe bekam, sondern sich um Regelungen mit dem Wohnungsamt bemühen mußte. Er brachte in Erfahrung, daß der Schriftsteller Hans Fallada im November 1945 neuer Nutzer geworden war. Nach dessen Tod im Februar 1947 intensivierte Ladendorf die Bemühungen um sein Grundstück. Am 10. Juli 1947 erhielt er vom Amt für Wohnungswesen den Bescheid, es sei nicht bekannt, *wer das Haus nach dem 6. 6. 47 erfolgten Auszug der Frau Ditzen-Fallada übernommen hat. Das sogenannte Militärstädtchen untersteht der unmittelbaren Verfügung der Zentralkommandantur. Einweisungen durch das Wohnungsamt in dort gelegene Häuser erfolgt nicht.*[93] Im Januar 1948 erhielt auch Otto Ladendorf Zahlungsaufforderungen für Instandsetzungsarbeiten, wies aber nach, daß es sich um überzogene Rechnungen handelte und daß Arbeiten, die nicht geleistet worden waren, umgelegt werden sollten. Sein Haus hatte keinerlei Kriegsschäden erlitten, er, Ladendorf, keine Aufträge an diese Firmen erteilt, außerdem seien 30 Zentner Magdeburger Schmelzkoks einbehalten worden, die er nun in Rechnung stellte.

Ende 1949 unternahm Ladendorf einen weiteren Vorstoß in Sachen Wohnung. Obwohl sein Haus erneut leer stand, bekam er es jedoch nicht zurück. Eine andere deutsche Familie wurde eingewiesen. Ladendorf wohnte zwangsweise in der Crusemarkstraße 20 und wollte dort endlich raus; er fragte an, ob die neuen Bewohner seines Hauses eine Wohnung in Pankow aufgegeben hätten und schlug einen Tausch vor, der Tausch kam nicht zustande. Und neue Schwierigkeiten taten sich auf. Da Otto Ladendorf als eingetragener Eigentümer noch Mietzahlungen erhielt, erreichte ihn ein Schriftstück, daß mit Wirkung vom 1. Januar 1950 die Regelung der Mietfrage für sein Grundstück vom Auswärtigen Amt der DDR vorgenommen würde. Die Besatzungsmacht hatte das Militärstädtchen aufgegeben, das Amt für Kriegsschäden und Besatzungskosten war kein Ansprechpartner mehr. Hier bricht die Akte ab, die Spur von Otto Ladendorf verliert sich. Am Haus Eisenmengerweg 19, heute Rudolf-Ditzen-Weg, erinnert eine Gedenktafel an Hans Fallada. Kleiner Mann, was nun?[93]

Das andere Deutschland in Pankow

Das „Städtchen"

Herbst 1946. Die Sozialdemokraten machen Wahlkampf. Seit einigen Monaten gibt es die SED. Die SPD ist dadurch zahlenmäßig etwas kleiner geworden, denn Otto Grotewohl führte einen Teil der Genossen in die Einheitspartei. Seit dieser Zeit sind die Sozialdemokraten nachtragend. Zu Recht, denn es wurde Druck ausgeübt, nicht immer gleich Zwang. Die SPD kreidet nun den Einheitssozialisten an, in Pankow abgeschottet und von sowjetischem Militär bewacht zu wohnen. Nicht unterm Volk, für das sie antreten und eintreten wollen. Dieser Wahlkampfhieb sitzt. Die Sozialdemokraten haben sich nicht verrechnet. Die SED hat sich in Berlin durchaus mehr ausgerechnet, das Wahlvolk aber mit ihr abgerechnet. In Pankow erreicht die SPD 17 Sitze für die Bezirksverordnetenversammlung, die SED nur 11, die CDU acht, die LDP vier.

Nun biegt er von einer Hauptstraße in eine stille, grüne Villenstraße ein. Aber er kann nicht ohne weiteres hineingehen in diese Straße – da ist ein Schlagbaum, rot-weiß geringelt, und ein Schilderhaus, rot-weiße Schrägbalken, und an dem Schilderhaus stehen ein russischer Posten und ein deutscher Polizist Wache, daß niemand Unbefugtes in diesen Bezirk, in dem eigentlich nur Offi-

Eingang zum Schloß Schönhausen im ummauerten Teil des Parks

ziere der Besatzungsmacht wohnen, eindringt. Doll hat zwar die erforderlichen Ausweispapiere, er darf ohne weiteres passieren, aber er geht darum doch nicht gerne durch diese Sperre ...[96] Hinter der fiktiven Romanfigur des Dr. Doll verbirgt sich der Schriftsteller Hans Fallada. Er gehörte weder der KPD noch der SED an, lebte auch während der Nazizeit in Deutschland, saß nicht im KZ, war kein aktiver Widerstandskämpfer und wohnte nun in der Nachbarschaft hochrangiger Funktionäre der Sowjetischen Besatzungszone. Obwohl er kein bedeutender Kulturfunktionär war, lebte er doch von 1945-47 in der Sicherheitszone – und spürte Unbehagen.

Wie später ein anderer auch, bedeutend jünger als Fallada: *Das Jahr 1950 endete für unsere Familie mit einem freudigen Ereignis. Wir waren von Buch nach Pankow in die Achtermannstraße gezogen. Es war eine Drei-Zimmerwohnung in einer Siedlung der kommunalen Wohnungsverwaltung.* Kurt Hager wohnte tatsächlich laut Adressbuch von 1951 in der Achtermannstraße 43. Telephonnummer 481060. *Wie oft habe ich es in den folgenden Jahren bedauert, daß wir diese Wohnung aufgeben mußten. Als ich 1958 Kandidat des Politbüros wurde, mußten wir in das „Städtchen" in Niederschönhausen und danach nach Wandlitz umziehen. Danach war der tägliche Kontakt mit den Nachbarn in der Straße, mit den Menschen im Wohngebiet nicht mehr gegeben.*[97]

Vielleicht hat er es wirklich bedauert, wie andere auch, aber nichts dagegen unternommen. Der Umzug ins „Städtchen" dokumentierte den Aufstieg des Journalisten Hager zu einem der wichtigsten Politfunktionäre der SED. Ein anderer betrachtete die Angelegenheit parteimäßig von innen, wohngebietsmäßig von außen: Wolfgang Leonhard. Er hat den Absprung geschafft, nicht von außen gedrängt, sondern von innen abgestoßen, vor allem durch persönliche Zweifel, kritisches Denken und Nachdenken, eben „politische Bauchschmerzen". Leonhard fiel erst durch den Besuch eines westlichen KPD-Funktionärs im Parteihaus in der Wallstraße auf, daß Genosse nicht gleich Genosse war. *Dann dachte ich an die luxuriösen Villen in Niederschönhausen, wo Pieck, Grotewohl, Ulbricht, Dahlem, Ackermann und andere wohnten. Fast jedes Wochenende war ich dort zu Besuch. Das ganze Viertel war umzäunt, und die Ausgänge wurden von sowjetischen Posten bewacht. „Gut, einverstanden", sagte ich einem der Spitzenfunktionäre, der dort wohnte, „ich verstehe, daß Sicherungsmaßnahmen notwendig sind. Aber müssen es unbedingt Sowjetsoldaten sein? Natürlich braucht ihr eine geräumige Wohnung, aber muß es gleich eine pompöse Wohnug sein? Das ist zwar keine grundsätzliche Frage, aber in dieser Zeit der allgemeinen Not kann die Bevorzugung in der Bevölkerung Verbitterung hervorrufen."* Leonhardt gab zu bedenken, *daß die*

Kommunalwahl 1979: Margot und Erich Honecker bei der Stimmabgabe im Wahllokal Majakowskiring 2

sozialdemokratischen Funktionäre im Westen bedeutend bescheidener leben und sogar der alte Külz von der Liberal-Demokratischen Partei irgendwo in einem Miethaus eine Drei-Zimmer-Wohnung hat.[98]

Der Ausgang der Wahl 1946 ist bekannt. Leonhard, Jahrgang 1921, hatte seine Jugend seit 1935 in der Sowjetunion zugebracht; vor diesem Hintergrund schienen ihm die Häuser und Grundstücke in der Kronprinzen- und Viktoriastraße, dem späteren Majakowskiring, luxuriös.

Die meisten Häuser hier wurden erst nach dem Machtantritt der Nationalsozialisten zwischen 1934 und 1937 erbaut. Die wichtigsten SED-Funktionäre waren nach 1946 in diesem gut abzuriegelnden und zu bewachenden sowie vorteilhaft grünen Stadtgebiet untergebracht. Villen in Karlshorst, wo die SMAD ihren Sitz hatte, kamen nicht in Frage, weil die direkte Nachbarschaft nicht gewollt war. Eine gewisse Eigenständigkeit sollte der Pankower Wohnort denn doch bezeugen.

Den Kreis derer, die im „Städtchen" wohnen durften, zogen die Mächtigen immer enger. Es waren vor allem die Mitglieder des Politbüros der SED, die Wohnrecht genossen. Neben Becher gehörten „Kulturschaffende" wie Alexander Abusch und Gerhart Eisler oder der Inspekteur der Hauptverwaltung Deutsche Volkspolizei, Grünstein, dazu. Nach Möglichkeit sollten im Umfeld des „Städtchens" hohe Kader mit Wohnraum versorgt werden, wie das Protokoll Nr. 27/56 des Politbüros des Zentralkommitees (ZK) der SED vom 22. August 1956 belegt. Enthalten ist die Forderung, bei den Wohnungsbauten in der Ossietzky-, Pestalozzi- und Parkstraße mindestens 20 % der entstehenden Wohnungen für Mitarbeiter des Partei- und Staatsapparates zur Verfügung zu stellen.[99] Nicht ohne Grund erhielt ein Ladenkombinat, ein Einkaufszentrum nicht nur für Lebensmittel, seinen Standort in der Ossietzkystraße zwischen Wolfshagener- und Pestalozzistraße. Das Gebäude steht heute noch. Im

„Städtchen" gab es im Haus Victoriastraße 31 schon 1948 einen Friseurladen bzw. ein Kinderheim. Im Haus des heutigen Walddorf-Kindergartens existierte eine Kindereinrichtung, die nach Wilhelm Pieck benannt war. Ein größerer Komplex mit einer Wochenkrippe und eigener Krankenstation befand sich in der Tschaikowskistraße, aus der die Kleinsten und Kleinen die ganze Woche über nicht nach Hause brauchten.

Am 10. Mai 1958 verließ ein Möbeltransport den Majakowskiring. Gisela und Karl Schirdewan machten wenig später einen Stopp und atmeten durch. Endlich geschafft. Sie hatten das „Städtchen" verlassen, wenn auch nicht freiwillig. Walter Ulbricht war es gelungen, einen weiteren Konkurrenten auszuschalten. Politbüro und Zentralkomitee der SED schlossen den Genossen Schirdewan im Februar des Jahres aus, das Ehepaar durfte noch drei Monate im Majakowskiring wohnen, in den es 1953 eingezogen war. Der ehemalige KZ-Häftling Schirdewan, der in Deutschland geblieben war, dann bleiben mußte, dachte anders als Ulbricht, der in der Sowjetunion unter Stalin agiert hatte. Die Frage, wie standst du gegen Hitler, hatte sich schon längst in die Frage verkehrt: Wie stehst du zu Ulbricht? In der Parteiorganisation der Frauen im „Städtchen" ging die Frage an die Genossin Ehefrau in die Richtung: Wie stehst du zu deinem Mann? Schirdewan wurde der „Fraktionsbildung" beschuldigt, des Opportunismus, ja gar der Zersetzung. Mit ihm mußten auch der Staatssicherheitsminister Ernst Wollweber und Chefideologe Fred Oelßner ihre Ämter an andere abtreten. Für Schirdewan rückte übrigens Erich Honecker nach.

In dem Rondell, von dem einige kleine Straßen und Wege abzweigten, hatte bis Ende der fünfziger Jahre, hinter Zäunen und Barrieren, beschützt von Armee und Polizei, die Regierung gewohnt, bis sie, aus Gründen, über die viel gemunkelt wurde, hinter die Stadtgrenze von Berlin gezogen war, schreibt Monika Maron in ihrem Roman „Stille Zeile Sechs".[100] Obwohl der 17. Juni 1953 die Funktionäre aufschreckte und die Sicherheitsvorkehrungen für das „Städtchen" noch einmal verstärkt wurden, bewirkte das Ereignis zunächst „nur", daß über Möglichkeiten einer besser gesicherten Unterkunft für die Mitglieder der Regierung nachgedacht wurde. Aber erst in einem Protokoll zur Sitzung des Politbüros des ZK der SED vom 28. August 1956 wurde unter Tagesordnungspunkt 18 das Thema Personenschutz behandelt: *2) Es sind Maßnahmen für eine neue Wohnsiedlung vorzubereiten.*[101] Nachdem Ende 1957 ein Gelände in Hoppegarten als nicht ausreichend verworfen wurde, fiel die Entscheidung für eine Siedlung im Stadtforst Bernau, die bis 1960 soweit aufgebaut war, daß der Umzug aus Berlin begonnen werden konnte. Bis

Protokollstrecke Ossietzkystraße. Ulbricht und Grotewohl mit Staatsgast Chruschtschow auf dem Weg zum Präsidentensitz am 19. 5. 1960

heute wirkt die falsche Zuordnung nach Wandlitz nach – das Gelände der Waldsiedlung gehört zum Stadtforst Bernau. Ein Protokoll des Politbüros verzeichnete am 31. Mai 1960 unter Tagesordnungspunkt 3 den Umzug des Politbüros in die Waldsiedlung bei Wandlitz und vermerkte, daß die Wohnanlage der Partei unterstand.[102] *Nur einige Witwen ehemaliger Regierungsmitglieder und einstmals mächtige Männer ... waren hier, gleich neben dem Niederschönhausener Schloß, wohnen geblieben. An manchen Häusern verwiesen Tafeln auf ihre früheren, inzwischen verstorbenen Bewohner: den ersten Präsidenten des Staates, den ersten Ministerpräsidenten, den ersten Kulturminister. Das Haus des Ersten Generalsekretärs* (Walter Ulbricht, d. Verf.) *hatte man nach dessen Tod, obwohl es sich in gutem Zustand befand, bis auf das Fundament abgetragen und an seiner Stelle ein neues, keineswegs schöneres gebaut, was ebenfalls Anlaß zu Gerüchten bot. Unter anderem wurde erzählt, es seien mit der Zeit soviel Abhöreinrichtungen in das Gemäuer eingebaut worden, daß niemand sie sicher zu entfernen vermocht habe und das Haus deshalb für jeden neuen Mieter unzumutbar geworden sei.*[103]

Leute wie Otto Gotsche, der sich als schriftstellernder Politiker mit Werken über den Bauernkrieg oder den „Kleinen Trompeter" hervortat und unter Ulbricht als Sekretär des Staatsrates arbeitete, erlebten hier ihren politischen Feierabend. Lotte Ulbricht mußte Wandlitz nach dem Tod ihres Mannes im August 1973 verlassen und kam im Majakowskiring unter, wo sie heute noch lebt. Die Dienstboten von Wandlitz bekamen übrigens die Wohnadresse „1280 Bernau, Postfach 35" zugewiesen, die Mitglieder des Politbüros und ihre Familienangehörigen jedoch 1100 Berlin-Pankow, Majakowskiring und -weg oder, wie Werner Felfe, Tschaikowskistr. 1/5. Der abgeschlossene Wohnbereich Majakowskiring konnte erst nach dem Umzug in die Nachbarschaft von Wandlitz betreten, aber bis zur Wende – außer von Anwohnern – nicht befahren werden. *Die Bewohner blieben unsichtbar, nur selten traf man einen, der mit dem Auto gerade aus der Garage fuhr oder nach Hause kam; niemals sah man in den Gärten ein spielendes Kind. Wer hier wohnte, blieb für den Außenstehenden namenlos; die Namen der Toten auf den Bronzetafeln waren die einzigen, die an den Häusern zu finden waren.*[104]

Präsidentensitz und Gästehaus

Willem hat ein Schloß.
Es heißt Niederschönhausen.
Von innen ist es schön
Und schön ist es von außen. (…)

Wenn die Republik
Will sehn den Präsidente
Kommt Willem in sein Schloß
Und schüttelt viele Hände.[105]

Dieses Kinderlied schrieb Bertolt Brecht im Jahre 1950. Der unmittelbare Bereich um den damaligen Präsidentensitz Schloß Schönhausen zeigte sich schon längst eingemauert und die von Pankow nach Niederschönhausen, von Anger zu Anger führende Straße nördlich der Panke gesperrt. Südlich vom Schloß kamen rechts und links der ehemaligen Schloßstraße Neubauten hinzu, eine Art „Kavaliershäuser". Davor rahmen zwei neoklassizistische Pavillons den eigentlichen Eingang in den inneren Schloßbereich, denn die Protokollstrecke führte von Süden auf die Anlage zu. Auch die achsiale Ausrichtung auf den Präsidentensitz in der Tschaikowskistraße bekam einen hervorgehobenen Eingangs- und Einfahrtsbereich, der auf der Nordseite durch den Garagen-, Tankstellen- und Fuhrparkkomplex erweitert wurde.
Am 7. September 1960 starb der Präsident der DDR, Wilhelm Pieck. Er war der erste, einzige und letzte dieser Art Staatsoberhaupt. An seine

Erich Honecker und General Jaruzelski (links), polnischer Partei- und Regierungschef, im Mai 1989 im Schloß Schönhausen

Stelle trat ein Kollektiv, an dessen Spitze ein Staatsratsvorsitzender stand, in der Hauptsache aber saß: Walter Ulbricht. Das kollektive Organ umfaßte 22 Personen und arbeitete zunächst im Schloß Schönhausen; zum 15. Jahrestag der DDR sollte ein eigener Neubau im Zentrum fertig sein. Auf dem Standort des beabsichtigten Institutsneubaus für Marxismus-Leninismus wurde das Staatsratsgebäude errichtet. Jenes Portal des Hohenzollernschlosses, von dessen Balkon Karl Liebknecht am 9. November 1918 die „sozialistische Republik" ausgerufen hatte, fand dabei Verwendung. So verließ das kollektive Staatsoberhaupt ein Schloß, um durch das bedeutungsschwere Überbleibsel eines anderen, 1950/51 abgerissenen, zu schreiten. Die Schlüsselübergabe an Ulbricht erfolgte am 3. Oktober. 1964 ein Tag unter vielen.

Das Schloß im Bezirk Pankow erlebte danach manch hohen Staatsgast, allen voran die Partei- und Regierungschefs der sozialistischen Bruderländer. *Die meisten der großen Häuser im „Städtchen" hatte man als Gästehäuser der Regierung eingerichtet, die kleineren Häuser wurden von Hausmeistern bewohnt, die die großen Häuser instand zu halten hatten.*[103] Die Konvois, von Motorrädern eskortiert, kamen aus dem Hauptstadtzentrum über die Schönhauser Allee, Berliner und Ossietzkystraße auf das Schloß Schönhausen zugerollt.

Die Protokollstrecke „sicherten" beizeiten die „Kräfte" der Staatssicherheit, durch Kurzhaarschnitt und paarweises Auftreten schwer zu übersehen, bevor Schulklassen, Arbeitskollektive diverser Betriebe, sprich das bestellte und gemeine Volk mit „Winkelementen" auftrat. Der allerhöchste Staatsgast kam selbstredend immer aus der Sowjetunion. Gorbatschow war zugleich auch der letzte dieses Landes, der, von einer alternden Regierung zum 40. Jahrestag der DDR eingeladen, im Schloß Quartier nahm.

Historisch korrekt ist es, vom Schloß Schönhausen zu sprechen. Bleibt die Frage nach dem so oft herbeigeredeten Regierungssitz Pankow. Reichte da der Präsidentensitz und die kurze Arbeitszeit des Staatsrates aus? Die wichtigsten Entscheidungen fällte – nicht zu vergessen – die SED; deren wichtigste Mitglieder, nämlich die des Politbüros, wohnten bis 1960 in der Nachbarschaft, dem „Städtchen". Pankow avancierte somit zu einem Synonym für die DDR und den Zustand des Systems der „geschlossenen Gesellschaft".

Literarisches Pankow

Es stand schon vorher fest, für die Hardliner sowieso. Unbedeutend also, was der Barde Wolf Biermann in Köln am 13. November 1976 sang. Er wurde ausgebürgert, er, der sich als Kommunist verstand. Ein Protestbrief, von fünf Vorstandsmitgliedern des Schriftstellerverbandes der DDR und sieben weiteren Schriftstellern am 17. November unterschrieben, erreichte die Regierung; viele Kollegen, auch Schauspieler, Theater-, Musik- und Filmleute sowie bildende Künstler folgten mit ihren Unterschriften. Eine große Anzahl von ihnen wohnte und arbeitete in Pankow.

Nach Biermanns Ausbürgerung trafen sich ein Dutzend DDR-Künstler und Mitunterzeichner am 20. November 1976 in der Villa von Manfred Krug in Pankow. Jurek Becker, Frank Beyer, Angelika Domröse, Stefan Heym, Ulrich Plenzdorf, Heiner Müller, Hilmar Thate, Christa Wolf und Krug selbst redeten in der Grabbeallee mit drei Abgesandten der Staatsmacht, unter ihnen Werner Lamberz, im ZK der SED für Agitation zuständig und einer, zu dem Manfred Krug Zugang hatte. Krug ließ im Nebenraum ein Tonband mitlaufen und protokollierte die Unterredung. Er blieb in seiner Haltung aufrichtig und sich selbst treu. Einer der populären DDR-Stars verließ daraufhin am 20. Juni 1977 mit PKW und Anhänger Ost-Berlin und damit die DDR über den Grenzübergang Bornholmer Straße.

Die Situation der Künstler in der DDR hatte sich seit der Biermann-Ausbürgerung grundlegend verändert. Nachdem Stefan Heym 1979 ohne

Straßenschilder im „Städtchen"

Genehmigung des Büros für Urheberrechte seinen Roman „Collin" in der Bundesrepublik erscheinen ließ, verurteilte ihn das System zu 9.000 Mark Strafzahlung. Daraufhin schickten acht Schriftsteller an den Partei- und Staatsratsvorsitzenden der DDR, Erich Honecker, einen Brief, in dem sie ihr Mißfallen dieser Maßnahme gegenüber zum Ausdruck brachten, gleichzeitig mit ihrer Kritik an der Kulturpolitik nicht hinterm Berg hielten. Am 7. Juni 1979 schloß der Berliner Bezirksverband den Schriftsteller Stefan Heym und die acht unterzeichnenden Autoren nach dramatischem Verlauf der Zusammenkunft aus. Auch dies hatte vorher schon festgestanden. Der Ausschluß sah nach außen wie eine „Selbstreinigung" aus, die Regierung war ersichtlicherweise nicht beteiligt.

Der Schriftstellerverband Bezirk Berlin bekam für dieses „Wohlverhalten" 1980 die ehemalige Villa des Ministerpräsidenten Otto Grotewohl im Majakowskiring 46/48 für seine Zwecke übergeben. Hier fanden von nun an interne Veranstaltungen statt, eine Küche ermöglichte einen bescheidenen Restaurationsbetrieb. Doch der geschlossene Literaturclub wurde von etlichen bekannten Schriftsteller boykottiert. Die sogenannte Wende veränderte die Situation. *1989 ergriffen Autoren und andere Künstler die Initiative und engagierten sich im Verein Literaturbrücke Berlin e.V. dafür, das abgeschirmte Literaturrefugium in ein öffentliches und lebendiges Haus der Literatur zu verwandeln.*[59] Der Magistrat von Ost-Berlin und später der gemeinsame Senat bewirkten durch ihre politische Unterstützung die Wiedereröffnung des Hauses am 13. September 1991 als „literaturWERKstatt berlin". Damit war auch ein Pendant zum West-Berliner Literaturhaus und zum Literarischen Colloquium geschaffen. Das Programm reflektiert eine Vielzahl moderner Literaturentwicklungen unterschiedlichster Länder durch Reihen, Festivals, Kolloquien, Literaturevents und -wettbewerbe.

Schon die Adresse paßt: Majakowskiring. Vierzehn Mal weilte der Dichter Wladimir Majakowski in den 20er Jahren in Berlin, was für die Umbenennung der Viktoria- und Kronprinzenstraße weniger bedeutsam war, denn in Pankow hielt er sich nie auf. Majakowski hatte nach seinem Selbstmord 1930, der mit persönlichen und durchaus politischen Gründen zusammenhing, für einen Moment seinen Kredit in der Sowjetunion verloren, aber das änderte sich bald, zumal Stalin gar davon sprach, es sei ein Verbrechen, sein Erbe zu vernachlässigen. Nach dem literarischen Wegbegleiter der sowjetischen Revolution mit Kultcharakter gerade die Straße des Viertels zu benennen, in dem die wichtigsten Vertreter der DDR-Regierung lebten, war nicht unbedingt zwingend, immerhin kamen Luxemburg, Marx oder Thälmann so nicht zum Zuge. Pankow nahm nach 1945 eine ganze Reihe Künstler auf, die hier mit Arbeits- und Wohnmöglichkeiten versorgt werden konnten. Diesem Trend folgten (und folgen weiterhin) zahlreiche Straßenumbenennungen, die dem Bezirk einen stark künstlerischen Touch gaben. Es könnte vor allem Johannes R. Becher zuzurechnen sein, daß er sich für den Dichter verwandte, zumal er ihn übersetzt hat.[60]

Neben dem Majakowskiring gab es noch einen Majakowskiweg, 1995 in Rudolf-Ditzen-Weg umbenannt. Am 5. November 1945 meldete sich Rudolf Wilhelm Friedrich Ditzen, genannt Hans Fallada, in Berlin-Schöneberg mit seiner zweiten Frau, Sohn und Stieftochter bei der polizeilichen Meldebehörde ab und zog nach Pankow. An seine erste Frau Anna Ditzen berichtete er am 16. November 1945: *Wir haben inzwischen ein sehr hübsches, völlig „neu renoviertes" Haus mit sieben Zimmern bekommen, und vor allem: wir haben es warm. Ich soll auch laufend weitere Feuerung bekommen, damit ist eine der größten Sorgen behoben.*[61] Fallada hat in Pankow seinen autobiographischen Roman „Der Alpdruck" geschrieben, der die miserablen Umstände vor dem Einzug ins neue Heim festhält und vor allem, wie es dazu kam. Die Hauptfigur Dr. Doll wird darauf aufmerksam gemacht, daß der Kulturpolitiker Granzow nach ihm sucht. In einem Gespräch bestimmt dieser Granzow: *„Erstens müssen Sie eine anständige Wohnung bekommen, am besten in einer Gegend, die nicht zu kaputt ist. Zweitens muß man für einen Lastzug sorgen, der Ihre Sachen aus der Kleinstadt holt. Und drittens müssen Ihnen Lebensmittelkarten gegeben werden, möglichst Karte eins oder doch die zwei."*[62]

All das geschieht dank der Fürsorge von Granzow – alias Johannes R. Becher. Der wohnte schon seit Juli 1945 im abgeschotteten „Städtchen", in der Viktoriastraße, dem späteren Majakowskiring 34. Fallada wurde sein Nachbar und durch ihn freier Mitarbeiter der „Täglichen Rundschau", erhielt ein festes Honorar, und es erschienen mehrere Artikel und Geschichten, z.T. aus Falladas Schreibtischlade. An Anna Ditzen ging der folgende Lagebericht: *Endlich scheine ich nun den nötigen An-*

schluß und Start für weitere Arbeit gefunden zu haben. Ich habe mich dem Kulturbund zur demokratischen Erneuerung Deutschlands, der unter der Leitung von Joh. R. Becher steht, angeschlossen. Dieser Kulturbund betreibt auch einen Verlag, den einzigen wohl, der bereits in der sowjetischen Besatzungszone produziert, und wir sind gerade in Erwägung darüber, ob dieser Verlag erst einmal den „Blechnapf" neu groß auflegen wird oder ob ich mit einem aktuelleren Roman Ende ds. Js. herauskomme ...[61] Als eines der ersten Nachkriegsbücher erschien im durch Becher gegründeten Aufbau-Verlag in einer Auflage von 30.000 Exemplaren „Wer einmal aus dem Blechnapf frißt". 1947 folgten „Der Alpdruck" und „Jeder stirbt für sich allein". Der Kulturbund, der ebenfalls auf Bechers Initiative zurückgeht, hatte übrigens in einer Stellungnahme, die vielleicht sogar von Becher selbst stammte, im November 1945 zu Falladas Beitritt erklärt: *Es muß festgestellt werden, daß es nur ganz wenigen Menschen während der faschistischen Herrschaft in Deutschland unter Aufbietung ihrer ganzen seelischen und geistigen Stärke gelang, das faschistische Gift nicht in sich wirksam werden zu lassen. Hans Fallada gehörte nicht zu diesen wirklich Auserlesenen. Dennoch begrüßen wir ihn als ehrlichen Mitkämpfer in den Reihen derer, die sich zur geistigen Erneuerung Deutschlands berufen fühlen und berufen sind. Wir glauben, daß Fallada, der im besten Mannesalter steht, Wertvolles für die geistige Erneuerung Deutschlands geben kann und wird.*[61]

Mit dem Werk „Jeder stirbt für sich allein" gelang ihm das. Becher vermittelte Fallada noch 1945 die Gestapo-Akten zum Fall des Ehepaars Hampel, das zwischen 1940 und 1942 mit einer Postkartenaktion zum Kampf gegen Hitler aufrief, nachdem ihr Sohn im Krieg gefallen war. Aus den beiden 1943 zum Tode verurteilten Eheleuten wurden im Roman die Quangels, deren Geschichte Fallada so schilderte, wie sie ihm vor Augen stand. Als ihn im September 1946 die Leitung der neugegründeten DEFA einlud und bat, ein Filmdrehbuch zu schreiben, kam es zu einem Vertrag über den Stoff, den die Babelsberger Studios aber erst viel später wirklich verfilmten. Nach knapp einem Monat intensivsten Schreibens war das Drehbuch Ende Oktober fertig. Jeder stirbt für sich allein. Fallada starb am 5. Februar 1947 in einem Niederschönhausener Hilfskrankenhaus.

Indes arbeitete Becher weiter, weniger als Dichter, mehr als kulturpolitischer Funktionär für die KPD, der er seit 1923 angehörte. Als die Westalliierten England und USA am 4. Juli 1945 ihre Sektoren übernahmen, wechselte Becher in den von den Sowjets besetzten Wohnort Pankow. So wie er im Oktober 1928 in den Sophiensälen in Mitte die Gründung des „Bundes proletarisch-revolutionärer Schriftsteller" mitgetragen hatte und sein erster Vorsitzender geworden war, so galten seine Nachkriegsanstrengungen dem am 3. Juli 1945 geschaffenen „Kulturbund zur demokratischen Erneuerung Deutschlands", dessen erster Präsident er wurde und dessen Wochenzeitung für Kulturpolitik, Kunst und Wissenschaft er mit initiierte. Dieser „Sonntag" heißt heute „Freitag". Die Gründung des Aufbau-Verlages und der gleichnamigen Zeitschrift geht ebenfalls auf ihn zurück. Schließlich begründete Becher mit dem greisen Paul Wiegler zum Jahresanfang 1949 die Zeitschrift „Sinn und Form", die Becher lieber „Maß und Wert" – wie das Exilblatt Thomas Manns – genannt hätte.

Im Nachhinein scheint es, als sei es vor allem sein Steckenpferd gewesen, Ost-Berlin auch zur Hauptstadt der Schriftsteller zu erheben. Das höchste Amt seiner Nachkriegskarriere versah Johannes Robert Becher als erster Minister eines am 7. Januar 1954 gegründeten Ministeriums für Kultur. Eine Gedenktafel erinnert an seinen Wohnort bis zu seinem Tod 1958. 1971 nahm der Ost-Berliner Magistrat die Umbenennung der Pankower Breiten Straße in Johannes-R.-Becher-Straße vor, die im Jahre 1991 rückgängig gemacht wurde. Im Majakowskiring verblieb zunächst das von seiner zweiten Frau Lilly geleitete Becher-Archiv, das museale Arbeitszimmer konnte besichtigt werden.

Gleiches geschah unweit in einem Wohnhaus Homeyerstraße 13, in dem Arnold Zweig von 1950 bis zu seinem Tod 1968 lebte und arbeitete und in dem später dem Besucher die originale Ausstattung gezeigt und

Das Arbeitszimmer von Johannes R. Becher in seinem Haus am Majakowskiring

das gleichnamige Archiv beherbergt wurde. Beide authentischen Orte gab die Akademie der Künste Anfang der 90er Jahre auf. So eint die Autoren im Nachhinein dieses merkwürdige Schicksal, das durch Bechers Einladung Zweigs zu einer Kulturbundtagung im Oktober 1948 begann. Der nach Palästina emigrierte jüdische Schriftsteller sah wenig Chancen, seine durch den Machtantritt der Nazis verkauften Besitzungen in Berlin wiederzubekommen, hoffte jedoch, mit anderen Rückkehrern in einen lange entbehrten ständigen Kontakt treten zu können. Gerade an ihm kann verdeutlicht werden, was Künstler an angemessenen Arbeitsmöglichkeiten suchten und im Ostteil bekamen. Wie bei Fallada war es der Aufbau-Verlag, der Zweigs Roman-Zyklus über den Ersten Weltkrieg herausbrachte und zur Wieder- und Neuentdeckung des Autors beitrug. Da Heinrich Mann die Präsidentschaft der am 23. März 1950 gegründeten Deutschen Akademie der Künste nicht mehr antreten konnte, übernahm Zweig diese Funktion; er wurde auch Präsident des PEN-Zentrums. Mann, im amerikanischen Exil gestorben, ehrte man in Pankow mit der Benennung einer Straße und eines Platzes und stellte zudem später eine Büste im nahen Bürgerpark auf. Zweig, der zunehmend erblindete, nahm zwar den Vaterländischen Verdienstorden in Gold an und blieb bis kurz vor seinem Tod als Kulturbundvertreter Mitglied der Volkskammer, aber Systemhörigkeit kann ihm niemand unterstellen. *Wir empfangen Befehle – aber von uns selbst.*
Ein innerer „Befehl" ließ Zweig nach 1948 auch unaufgefordert für die von Maud von Ossietzky neu herausgegebene Weltbühne schreiben, deren erste Nachkriegsnummer im Juni 1946 im v. Ossietzky-Verlag im Pankower Eschengraben 39 erschien. Die Wochenschrift stand von 1927 bis 1933 unter der Leitung des Friedensnobelpreisträgers von 1936, der, schwer durch die KZ-Haft gezeichnet, im Jahr der Berliner Olympiade nach Berlin zurückkehren konnte. Zur Entgegennahme des Nobelpreises nach Norwegen durfte Carl von Ossietzky jedoch 1936 nicht fahren, ja die Nationalsozialisten verboten jedem Deutschen nachfolgend die Annahme einer solchen Ehrung. Nicht einmal anderthalb Jahre lebte Ossietzky noch, ehe er am 4. Mai 1938 in einem privaten, im Weltkrieg zerstörten Krankenhaus verstarb. 1905 eröffnete der jüdische Arzt Dr. Wilhelm Dosquet in der Mittelstraße 6-8 sein Krankenhaus Nordend, das er bis zu seinem Tod Anfang des Jahres 1938 leitete. Ossietzky wußte zu berichten, daß er zunächst glaubte, einen guten Arzt gefunden zu haben, statt dessen aber einen sorgenden Freund gewann. Die offene Tuberkulose Ossietzkys jedoch konnte der Spezialist nicht mehr heilen. Elf Tage nach dem Tod des Friedensnobel-

Grabstein Ernst Buschs

preisträgers, der auf Anordnung der Gestapo zu verbrennen und anonym zu beerdigen war, fand auf dem Pankower Friedhof IV die Beisetzung ohne Trauerfeier und ohne letztes Wort statt. Die Grabstelle auf dem Friedhof an der Buchholzer Straße ist leicht zu finden.

Horst Krüger beschreibt in der Nachbarschaft von Zweig das Dichterviertel der Hauptstadt der DDR: *... rund um den Heinrich-Mann-Platz wohnen sie in vielen kleinen grünen Inseln der Poesie.*[63] Die Siedlung nordöstlich davon trägt den Namen von Erich Weinert, der in der Straße 201 bis zu seinem Tod 1953 das Haus Nr. 4 bewohnte. Das Wohnviertel ist 1949/50 speziell für Funktionäre und „Vertreter der sozialistischen Literatur und Kunst in der DDR" gebaut worden. Eine gerundete Gedenkmauer zitiert an der Hermann-Hesse-Straße/Ecke Heinrich-Mann-Straße den *Dichter und Revolutionär* Weinert mit den Worten: *Den Gedanken Licht / den Herzen Feuer / den Fäusten Kraft.* Unweit, in der Leonard-Frank-Straße 11, lebte der Sänger und Schauspieler Ernst Busch, der auf dem Friedhof an der Mauer zu seinem Grundstück beerdigt ist.

Der Komponist Hanns Eisler wohnte in der Pfeilstraße, nachdem er sein Exilland USA verlassen mußte. Seine Komposition der Nationalhymne durfte (im Gegensatz zum Text von Becher) bis zum Ende der DDR gespielt werden.

Zu den bildenden Künstlern, die in der Straße 201 lebten, zählte Max Lingner, dessen 1952/53 geschaffenes Wandbild auf Kacheln aus der Meißner Porzellanmanufaktur in der Vorhalle des ehemaligen, als Reichsluffahrtministerium gebauten Hauses der Ministerien und zukünftigen Finanzministeriums noch zu betrachten ist. Die Straße 200 in Niederschönhausen erhielt den Namen Fritz-Erpenbeck-Ring nach dem langjähriger Chefredakteur der Fachzeitschrift „Theater der Zeit", der bis zu seinem Tode 1975 in Nr. 10 wohnte und arbeitete. Sein Nachbar war bis 1961 der Schriftsteller Willi Bredel, der wie Erpenbeck zu den Kulturschaffenden der KPD zählte, die bis zu ihrer Rückkehr nach Deutschland in Moskau lebten. Einer der bedeutenden deutschen

Bildhauer der zweiten Hälfte des 20. Jahrhunderts, Fritz Cremer, war an der Ecke Fritz-Erpenbeck-Ring/Waldstraße zu Hause. Seine Bildwerke stehen vielerorts: Aufbauhelferin und Aufbauhelfer vor dem Amtssitz des Regierenden Bürgermeisters, die Johannes-R.-Becher-Bronze im Bürgerpark Pankow, die „Christusplastik" vor der Franziskanerkirche in Mitte oder der auf einer Bank neben dem Berliner Ensemble sitzende Brecht. Dessen Freund Arnolt Bronnen wohnte bis zu seinem Tod im Oktober 1959 ebenfalls in Niederschönhausen. Er und der 1997 verstorbene Stephan Hermlin, der seit 1947 in der Hermann-Hesse-Straße 39 lebte, liegen in unmittelbarer Nachbarschaft auf dem Dorotheenstädtischen Friedhof in Mitte begraben.

Bis in die Gegenwart hinein wirken über Berlin hinaus bekannte Schriftsteller in Pankow: Volker Braun, Heinz Knobloch, Christa und Gerhard Wolf, der die Geschäftsführung und das Lektorat seines Janus Press Verlages im Pankower Amalienpark 7 betreibt. Mit dem Tod von Hans Laessig hat 1995 ein wenig bekannter literarischer Zirkel der „Volkskunstbewegung der DDR" aufgehört zu existieren: Der Lyrikclub Pankow, in Abstimmung mit der Abteilung Kultur des Rates des Kreises Pankow und dem Kreiskulturhaus am 9. April 1965 gegründet, verstand sich als *polymusischer Treffpunkt* aller *künstlerisch interessierten Berliner*, als *Lehrstätte und Arena für Schreibende*, die sich in der Vinetastraße 62 treffen, dort lesen und diskutieren konnten. Mit dem Schriftsteller Jo Schulz ging es nach draußen. Schulz führte den „Spaziergang mit Jo" ein, was hieß, sich von unterwegs gesammelten Eindrücken für Werke und Reportagen inspirieren zu lassen. Bettina Wegner, die später die DDR verließ, oder der enttarnte Stasi-Zuträger Knud Wollenberger, der Mann der Bürgerrechtlerin Vera Lengsfeld, hatten intensive Berührungen mit dem offenen Lyrikclub, dessen Leitung Laessig 1972 übernahm. Mit Laessig erfolgte ein Rückzug in die Privaträume Pestalozzistraße 37, doch sicherten Veröffentlichungen weiterhin die Bekanntheit der Institution. Als Laessig starb, war der Lyrikclub trotz aller Bestrebungen, ihn weiterzuführen, schon ein Stück literarische Geschichte.

Botschaften

Nach der Aufnahme beider deutscher Staaten 1973 in die UNO erkannten innerhalb kurzer Zeit über 100 Staaten die DDR diplomatisch an. Für diese Staaten mußten Botschaftsstandorte und Baugelände für Residenzen gefunden werden. Der Ministerrat der DDR beschloß am

Botschaftsgebäude „Modell Pankow" in der Kuckhoffstraße

10. Januar 1973 den Aufbau von Botschaften, Dienstgebäuden und Residenzen. Pankow bot sich als geeigneter Standort an: Das Schloß Schönhausen diente bereits als Gästehaus der Regierung, es gab genügend Freiflächen in angenehmer, verkehrsberuhigter Lage, mit günstigen Straßenanbindungen zum Zentrum. Der Grenzübergang Bornholmer Straße lag südlich der ins Auge gefaßten Areale.

Zu Standortkomplexen erhoben wurden die Bereiche Prenzlauer Promenade, Esplanade, Grabbeallee und Tschaikowskistraße, Wald- und Dietzgenstraße. Mit Ausnahme des größten anvisierten Geländekomplexes mit Zuordnung zur Prenzlauer Promenade, wo auf 27 Hektar vier große und acht kleinere Botschaften sowie 10 Residenzen und 440 Wohneinheiten hätten geschaffen werden können, sind – neben etlichen kleineren Standorten – die aufgezählten auch bebaut und diplomatisch genutzt worden. Der Magistrat von Ost-Berlin delegierte die Aufgabe an den Bezirk Pankow weiter; Ende März 1973 wurde eine Kommission Residenzen gebildet. Auch vorhandene ältere Gebäude sollten zur Unterbringung von Diplomaten unter die Lupe genommen werden. Zuträger berichten über die Friedrich-Engels-Straße 74: *Das Haus ist in Privatbesitz. Schulz ist als typischer Spießer im Wohngebiet bekannt ... Er besitzt zwei Autos und einen Motorroller. Seine Mutter soll in Westberlin leben und kommt oft zu Besuch ... Das Eheleben ist gespannt, da Schulz seine Frau wie ein Dienstmädchen behandelt. Bindungen zu den gesellschaftl. Kräften des Wohnbezirkes bestehen nicht.*

Ein weiteres Beispiel? *Das Haus ist ein Doppelhaus, Wodanstraße 55 und 57. Das Haus gehört einem gewissen Sternberg, Besitzer eines Lederwarenge-schäftes in der Schönhauser Allee. Sternberg wird als negativ eingeschätzt, er soll schon mit den Gesetzen in Konflikt gekommen sein. (...) Frau Schrader ist Rentnerin und ist höflich, freundlich und gilt als geachtete Mitbürgerin. Ihr Sohn ist Pfarrer in der DDR und besucht oft seine Mutter. Frau Schrader wohnt zur Miete.* Immerhin wurde mit den Betroffenen anders verfahren als bei den Häuserräumungen nach Kriegsende, als Besatzungsrecht galt.[107] Ein besonderes Kapitel diplomatischer Beziehungen fand 1990 seinen Abschluß. Da Deutschland nach 1945 ein gespaltenes Land war, blieb immer die Frage des Umganges miteinander. 1969 schlug der Staatsrats-vorsitzende Ulbricht vor, die Beziehungen beider deutscher Staaten nach völkerrechtlichen Normen zu gestalten. Drei Monate später trafen sich in Erfurt die Regierungschefs Brandt und Stoph zum Meinungsaus-tausch, das erste Mal seit Bestehen von Bundesrepublik und DDR. Durch weitere bilaterale Kontakte kam es am 21. Dezember 1972 zur Unterzeichnung eines Grundlagenvertrages, der die Respektierung der Unabhängigkeit und Selbständigkeit als Staaten und die Einrichtung von „Ständigen Vertretungen" beinhaltete. Am 2. Mai 1974 nahmen sie ihre Dienstgeschäfte auf. Eine für den „Ständigen Westverteter" be-stimmte Residenz sollte in der Kastanienallee im Ortsteil Niederschön-hausen gebaut werden. Unweit residierten die USA und Großbritan-nien. So begann 1985 eine mit der Vereinigung endende Baugeschichte. Nach Plänen Christoph Mäcklers, der diese zigfach zu verändern hatte, flossen 4,5 Millionen DM in einen Diplomatenbau, der nie fertiggestellt wurde.

Neue Zeiten und Zeichen

Osterkreuzzug

Ostern fiel 1986 auf Ende März. Ostermontag war im religiöseren Westen Feiertag, im atheistischen Osten nicht. Und doch hatte die Kirche großen Zulauf zu verzeichnen, wenn auch nicht aus religiösen Gründen. Der Bürger schätzte die Art des Zusammenseins und Redens miteinander über die Dinge, die das Land und die Welt bewegten. In der Bundesrepublik wurden die Ostermärsche vorbereitet, an denen wie in jedem Jahr Zehntausende teilnehmen würden. In Alt-Pankow startete der sogenannte Jugendkreuzweg, vom Kreisjugendkonvent organisiert. Es sollte dies keine Demonstration sein und werden, schon gar keine politische. Der lange Spaziergang hinter die Stadtgrenze nach Mühlenbeck war rein religiösen Charakters, sollte Gebete und Meditationen einschließen.

Am 28. März um 23.00 Uhr verließen ca. 40 bis 50 junge Leute die Kirche am Dorfanger in Pankow. Die Kerzen waren, um Aufsehen zu vermeiden, schon ausgeblasen. Die Straßen lagen im Schein der Laternen, die meisten Menschen schon im Schlaf. Alles war ruhig und friedlich, die Teilnehmer an jenem Marsch sowieso. Vorbei an der Niederschönhauser Friedenskirche am Ossietzkyplatz setzte sich der Trupp weiter gen Norden entlang der Fernverkehrsstraße 96 in Bewegung, auf der sich der Verkehr mehr als in Grenzen hielt. Die Grenze selbst, das hieß: der Antifaschistische Schutzwall zu West-Berlin, lag weit entfernt, dennoch war auffällig viel Polizei zu sehen. Die Marschierer erreichten schließlich gegen 1.00 Uhr Blankenfelde, den nördlichsten Ort in Berlin. Und hier schlug die Polizei weit nach Mitternacht und in menschenleerer Gegend zu. Sie stoppte den Marsch und zwang die Teilnehmer, nach Niederschönhausen zurückzulaufen – in die Idastraße, heute noch Standort eines Polizeiabschnittes. Der Vorwurf lautete: unangemeldete Demonstration. Genau das hatte der Marsch nie und nimmer sein sollen.

Die Aufnahme der Personalien und Einzelbefragungen aller Teilnehmer begannen. Die jungen Christen, die sich eigentlich in Mühlenbeck zu einem Frühstück hatten einfinden wollen, verließen einzeln die Wache. Der Abschluß des Jugendkreuzzuges wurde durch einen polizeilichen Kreuzzug durchkreuzt. Eine bittere Ostergeschichte.[106]

Ossietzky-Oberschule

Im Bezirk Pankow hieß eine Erweiterte Oberschule (EOS), in der das Abitur abgelegt werden konnte, nach dem Friedensnobelpreisträger, Publizisten und Pazifisten Carl von Ossietzky. Die Schule ist heute ein Gymnasium mit gleichem Namen. Im Schulhaus durfte eine von der Schulleitung genehmigte Wandzeitung existieren, die als schulöffentliches Meinungsforum diente und sich des Anglizismus „Speaker's corner" rühmen konnte. Diverse Beiträge und Äußerungen zu unterschiedlichen Themen wurden hier von den Schülern angepinnt. Und die Schüler stellten Fragen. Das konnte unter gewissen Umständen sehr unangenehme Folgen haben.

Am 4. November 1988 ging ein „Offener Brief" an alle Berliner Kirchengemeinden, der von Jugendmitarbeitern aus dem Stadtjugendpfarramt formuliert und abgeschickt wurde. *In der „Carl von Ossietzky" EOS in Berlin Pankow gab es eine Möglichkeit des freien Meinungsaustausches, den man als beispielhaft bezeichnen kann. Dieser positive Ansatz ist nicht durchgehalten worden: Gegen einige Schüler, die sich kritisch und konstruktiv mit Gegenwartsfragen auseinandersetzen und dies in Artikeln zum Ausdruck gebracht haben, sind schwere Schulstrafen verhängt worden: Vier wurden von der Schule relegiert, zwei weitere wurden an andere Schulen versetzt, zwei erhielten einen Verweis.*[109] In derartiger Offenheit erschien kein Artikel in der DDR-Tagespresse, keine Information in den Medien, fand keine gesellschaftliche Diskussion statt, die einen hohen Grad an Öffentlichkeit gehabt hätte. Es war wieder vor allem die Kirche, die Informationen weiterverbreitete und sich für die Betroffenen einsetzte. Sie betrieb in einem hohen Maß politische Seelsorge.

Das Schuljahr 1988/89 hatte wie üblich mit einer Klassenleiterstunde begonnen, in der die Aufgaben des Schuljahres den eigentlichen Gegenstand bilden sollten. Die Schüler der 11/5 ließ jedoch die Flugkatastrophe in Ramstein nicht los. Ihr zentrales Thema lautete „Militärtechnik", und das ging ein paar Tage lang so. Am 13. September heftete Kai folgenden Beitrag an die „Speaker's corner", der zu Meinungsäußerungen aufrief und wenig später in einer Unterschriftensammlung mündete: *In wenigen Wochen ist es soweit! Im Zentrum Berlins werden riesige Geschosse ausgefahren, todbringende Waffen zur Schau gestellt. Die Panzer rollen in einer Zeit über die Straßen Berlins, da gerade vertrauensbildende Maßnahmen eine gemeinsame Sicherheit in Europa schaffen sollen. In einer solchen Zeit ist das öffentliche Vorführen militärischer Stärke, das laute Bekunden von Abschreckung ungesund für die politische Schönwetterphase, die vielleicht historische werden kann. Es paßt auch nicht in die Friedenspolitik der DDR. Dem internationalen Ansehen der DDR sowie dem gesamten Friedens-Prozeß würde ein Verzicht auf die Militärparade am 7. Oktober guttun. Dafür sollten wir uns einsetzen. Das ist nicht direkt verkehrt! Das wäre ein guter Schritt. Eure Meinung?*[107] In der Bundesrepublik gab es bei der Flugschau Tote. Hier sollte es andere Opfer geben.

Die Unterschriftenliste zum Sinn von Militärparaden verzeichnete 37 Unterschriften, als der Direktor sie einforderte. Er war zu Meldungen an den Schulrat verpflichtet, wenn *außergewöhnliche Vorkommnisse,* wie *politische Provokationen, feindliche Hetze* oder *organisiertes Auftreten von Stimmungen und Meinungen, erhebliche Störung der Ordnung und Sicherheit im Bereich Volksbildung, welche die Durchführung der staatlichen und politischen Aufgaben und Maßnahmen negativ beeinflussen,* auftraten.[107] Am 16. September ging die erste Meldung ab, ein Nachtrag am darauffolgenden Tag. Der Direktor faßte die Ereignisse zusammen: *In der Wertung hervorgehoben haben wir* (die SED-Parteileitung der Schule, d.Verf.), *daß die Mehrzahl der FDJ-Funktionäre, die gesamte GOL* (Grundorganisationsleitung der FDJ) *und alle KOL-Sekretäre eingeschlossen, gemeinsam mit den Genossen der Schulparteiorganisation bei der Abwehr dieser Provokation zusammengestanden haben.* Direktor Forner wurde dennoch gerügt und sollte disziplinarisch zur Verantwortung gezogen werden, da er *nachweislich über außergewöhnliche Vorkommnisse an seiner Schule geschwiegen und sich über die Meldeordnung hinweggesetzt hat.*[107]

Die politisch-ideologische Schlinge wurde enger gezogen. Aus einer beachtenswerten Mücke war ein aufgeblasener Elefant geworden – vielleicht auch, weil Informationen über den Schüler Krenz, Sohn von Egon Krenz, nach Wandlitz gelangt waren. Carsten Krenz wurde täglich von Wandlitz zur Schule an der Görschstraße in Pankow gefahren. Die Jugendorganisation und die SED in der Schule sowie auf höherer Ebene berieten. In den Gremien der Volksbildung erwarteten Funktionäre neueste Berichte, die Lage sollte ständig aktualisiert werden. Diverse Befragungen setzten ein. Die Genossen Eltern wurden herangezogen, Verantwortliche für bestimmte Schritte und gleichzeitig Termine festgelegt. Nicht zu vergessen operierte die Staatssicherheit im Hintergrund. Die Gespräche mit den betroffenen Schülern, an denen auch einige ungenannt gebliebene Personen teilnahmen, wurden protokolliert, die Protokolle den Betroffenen vorenthalten. Den Schüler Benjamin beurlaubte die Direktion am Montag den 26. September für zwei Tage, angeblich damit sich die Lage beruhigte. Am Donnerstag fanden Mitgliederversammlungen der FDJ statt, die zu Ausschlußverfahren führten.

Der übergeordneten FDJ-Leitung fiel die Aufgabe zu, für die im Volksbildungsministerium schon feststehenden Rauswürfe einen „Vorlauf" zu schaffen. Ein Vertreter der FDJ-Kreisleitung des Bezirkes Pankow sprach während einer Schulversammlung gar von *antisozialistischer Plattformbildung im Blauhemd*. In Benjamins Klasse gab es jedoch keine Zweidrittel-Mehrheit für seinen Rauswurf; er blieb. Mitschüler brachen in Tränen aus. Am 30. September 1988 beendete in der Aula eine außerordentliche Schulversammlung den „Kampf" gegen *eindeutig staatsfeindliche Schüler*. Vier von ihnen, die einzeln vorzutreten hatten, beurlaubte der Direktor bis zur Relegierungsentscheidung, drei erhielten Schulstrafen, zwei Schüler die Mitteilung der Umschulung in andere EOS. Am 4. Oktober 1988 ging ein Schreiben der Bezirksschulrätin Herta Otto an den Vorsitzenden der zentralen Relegierungskommission im Ministerium für Volksbildung mit den Anträgen des Stadtbezirksschulrates. Den Sohn der schon aus der DDR ausgewiesenen Bürgerrechtlerin Vera Wollenberger bezeichnete das Schriftstück als einen *der Hauptakteure von Maßnahmen, deren Ziel darin bestand, durch Verbreiten gegenerischer Auffassung eine Opposition zum Staat und zu seinen Beschlüssen innerhalb der Schülerschaft der EOS zu formieren*.[107] Das Schlagwort gegenüber den anderen drei Schülern lautete *feindliche Haltung*. Mit der Relegierung war der weitere Ausbildungsweg verbaut, ohne Abitur konnte in der DDR keiner studieren. Proteste und Solidaritätsbekundungen bewirkten keine Rücknahme des Relegierungsverfahrens. Erst die große Bewegung des Herbstes 1989 brachte eine Aufbereitung der Ereignisse und die Bildung eines Untersuchungsausschusses.

Ein Runder Tisch

Der Nationalrat der Nationalen Front vereinte „unter Führung der SED" die Parteien und Massenorganisationen in der DDR. Seit dem 7. Dezember 1989 gab es eine erstzunehmende Konkurrenz, die sich zu einer wichtigen Gesprächsplattform weiterentwickelte: den „Runden Tisch". Er wollte als *Bestandteil der öffentlichen Kontrolle ... seine Tätigkeit bis zur Durchführung freier, demokratischer und geheimer Wahlen fortsetzen*. Wahltermin war der 6. Mai 1990. Zu den Vermittlern des Runden Tisches, der zwar *keine parlamentarische oder Regierungsfunktion ausüben kann*, zählten drei Kirchenvertreter: Karl-Heinz Ducke, den die Berliner Katholische Bischofskonferenz entsandte, Martin Lange, Sekretär des Arbeitskreises christliche Kirchen und Pastor in Oberschöneweide, und Oberkirchenrat

Martin Ziegler, tätig in den Hoffnungsthaler Anstalten. Nach der 3. Sitzung zog der Gesprächstroß ins Schloß nach Niederschönhausen. Die Sitzungen wurden nun auch im Fernsehen übertragen. Am 12. März 1990 fand die letzte der insgesamt 16 Beratungen statt, denn es wurde schon am 18. März gewählt. 17 Arbeitsgruppen zogen Bilanz; Wahlgesetz, Parteiengesetz und Verfassung sowie eine Sozial-Charta wurden diskutiert. Pankow als Regierungssitz – es stimmte wieder nicht, nicht ganz. Und dennoch – der Runde Tisch war eine der wichtigsten Gesprächsforen zwischen Regierung und Opposition 1989/90.

Freitag. 22. Juni 1990. Der Allied Checkpoint Charlie wurde demontiert, mediengerecht inszeniert. Danach zogen sich die Außenminister der DDR und der BRD sowie der vier Alliierten zurück. Ein besonderer Zug ging nach Pankow. Die zweite Runde der Zwei+Vier-Gespräche begann im Schloß Niederschönhausen und brachte Übereinstimmung in einem wichtigen Punkt: die deutsche Einheit müsse mit der Wiederherstellung der deutschen Souveränität einhergehen. Derweil beschloß die Volkskammer der DDR die Abschaffung des Nationalfeiertags der Deutschen Demokratischen Republik.

Der Molekularbiologe Jens Reich, Mitbegründer des im September 1989 geschaffenen Neuen Forum, kandidierte bei der ersten demokratischen Wahl in der DDR am 18. März 1990 für das Bündnis 90. An ihm lag es sicher nicht, daß die Bürgerbewegung nur 2,9 % Stimmen einfuhr. Der wie Reich in Pankow lebende Dokumentarfilmer Konrad Weiß von „Demokratie Jetzt" zählte zu den Spitzenkandidaten. Er schaffte den Sprung in den Bundestag. Die Grüne Partei stellte Vera Wollenberger auf – wohnhaft in Pankow. Sie gehörte zu jenen, die 1988 bei der zu Ehren von Rosa Luxemburg und Karl Liebknecht jeweils im Januar stattfindenden Demonstration aus dem verordneten Trott ausscherten. Die Freiheit ist immer die Freiheit der Andersdenkenden – zu sechs Monaten wegen „versuchter Zusammenrottung" verurteilt, stimmte sie damals ihrer Abschiebung nach England zu.

Von wo aus soll Deutschland sich erneuern? Von Pankow natürlich. Hätte jedenfalls gut so sein können – wenn die Bundesversammlung im Jahre 1994 nicht den Kandidaten Roman Herzog aus Landshut in Niederbayern zum Bundespräsidenten gewählt hätte, sondern den Kandidaten Jens Reich aus der Wolfshagener Straße – die liegt in Pankow, wie gesagt, einem ehemals berühmten Zentrum der Macht. So der Redakteur der „Süddeutschen Zeitung", Herbert Riehl-Heyse, in einem Feuilleton.[108]

Wo ist euer Lächeln geblieben?

WO IST EUER LÄCHELN GEBLIEBEN? hat vor gut einem Jahr einer der damals noch zahlreichen Vertreter der Volkspoesie an eine zentrale Hauswand in Pankow gesprüht. Die Leute, die gerade hier aus der von Stadtmitte kommenden Straßenbahnlinie 46 steigen, mit ihren seit langem wieder verschlossenen Gesichtern, müssen unwillkürlich lächeln, wenn sie die Inschrift lesen. Aber es ist kein Originallächeln. Es ist ein mattes Erinnerungslächeln ...[109]
Die Pankowerin Christa Wolf hat in ihrem Text „Brachland Berlin 1990" an einen Zustand erinnert, der mit den bewegten Oktober- und November-Wochen des Jahres 1989 zu tun hatte. *Lächeln und skandieren: Keine Gewalt!* Es zeichnete sich tatsächlich auf den Gesichtern ein innerer Zustand ab. Die Autorin fährt fort: *Die Blumenfrau in der Ossietzkystraße, die so redete wie der Namenspatron ihrer Straße; die Verkäuferinnen von der Spätverkaufsstelle an der Ecke, die sich benahmen, als seien sie eben aus Brechts Stück von der Pariser Kommune gestiegen und die Interessen ihres Geschäfts mit ihren eigenen in Einklang bringen wollten – einige Wochen lang waren sie wirklich die, die sie sein könnten. Inzwischen ist die Blumenfrau längst verstummt, die Verkäuferinnen alle entlassen bis auf eine, die sitzt an der Kasse und flüstert alten Kundinnen zu: So haben wir uns das alles aber nicht vorgestellt.*[109] Nicht zu vergesssen all die anderen, die zu den abgewickelten Eliten gezählt werden müssen und heute ohne Beschäftigung sind. In Pankow gibt es viele von ihnen. Wer keine Berührungsängste hat, weil die Adresse das PDS-Haus in der Breiten Straße 48 ist, kann „Helle Panke" zur Förderung von Politik, Bildung und Kultur e.V.

Der Markt in der Breiten Straße, hier ein Foto aus den achtziger Jahren, existiert seit 1857

151

warten, im Kosmetikstudio Bundesrepublik behandelt zu werden. Die günstigen äußeren Bedingungen, die Lage und Verkehrsanbindung führten gleichzeitig zu einer Neubautätigkeit sondergleichen, im geförderten wie im freifinanzierten Wohnungsbau. Andere Ost-Berliner Stadtbezirke können da nicht mithalten. Von kleineren und größeren Einzelhäusern bis hin zu Häusergruppen und kleineren Siedlungen wird in Pankow alles gebaut, und diese Neubauten werten an einigen Stellen sogar „tote Ecken" auf. Wer wollte früher schon von der Ossietzkystraße in den westlichsten Zipfel der Wolfshagener gehen, wem genügte nicht von der Pestalozzistaße aus ein romantischer Blick in die mit Mietshäusern bebaute Pankgrafenstraße? Das ist vorbei. Im Hinterland der Breiten Straße, im Zentrum von Pankow, steht helle freundliche Architektur, die auf dekorative Spielereien verzichtet. Über einen Durchgang vom Dorfanger gelangt der Neugierige in die von den Bauherren DEGEWO und DEMOS geschaffene, 171 Wohnungen aufweisende Anlage, die eine Vielzahl an Wohnungstypen mit abwechslungsreichen Grundrißgestaltungen innen und interessanten architektonischen Gliederungen außen zeigen. Karen Axelrad und Manfred Schiedhelm haben nicht die oft langweiligen Neubauvarianten bedient. Auch Liebhaber von Altbausubstanz können diese Häuser visuell unvoreingenommen genießen.

In der Nachbarschaft des beschaulichen Zentrums von Buchholz begannen hingegen im September 1995 die Baumaßnahmen für eine Neubausiedlung, die zwar an das Weißenseer Mega-Projekt Karow-Nord nicht heranreicht, aber mit 2.938 Wohneinheiten in einer beachtlichen Größenordnung daherkommt: Französisch-Buchholz. Dort gibt es einen Hugenottenplatz, der das Versorgungszentrum mit kommunalem Markt bildet und eine Vielzahl an Straßen, deren Namensreminiszensen eindeutig sind: Cuni-, Amoux und Tiriotstraße, La Rochelle, Charton- und Nantesstraße, Kalvinisten- oder Favierweg.

Das zentrale Ordnungselement für die Bebauung auf immerhin 51 Hektar Fläche bildet die historische Parzellenstruktur, die die Hugenotten durch ihre Gärten hinterließen. Aus ihr leitet sich die Wegeführung ab, die, hierarchisch streng gegliedert, an Karow-Nord erinnert. Überhaupt sollte die Großsiedlung im Sinne der in West-Berlin liegenden Areale „Märkisches Viertel" und „Gropiusstadt" genauso vermieden werden wie die Plattenbausiedlung in Ost-Berlin. Das Leitwort hieß „Neue Vorstadt". Straßen und Plätze geben mit ihren Fluchten die Bebauung vor, die einer bewußten Ordnung zuarbeitet und städtische Identität schaffen soll. Die große Tradition des Siedlungsbaus der 20er Jahre

nahe- oder beitreten. Der Verein hat unter anderem eine der Träger-
schaften des 1992 entstanden „Forscher- und Disskussionskreises DDR-
Geschichte" übernommen. „Frauen tun sich zusammen" ist das Motto
beim Frauentreff am Amalienpark, der seit 1990 besteht und eine Vielzahl an Veranstaltungen, Beratungen, Betreuung und konkrete Lebens-
hilfe anbietet. Es gibt den Gesprächskreis älterer Frauen, den Literatur-
kreis und die Wandergruppe. Ein Frauenzentrum namens Paula Panke
existiert seit Januar 1990 in der Schulstraße 6.

Eine viel ältere Einrichtung trat erst nach dem Fall der Mauer wirklich
ins Licht der Öffentlichkeit: das Franziskanerkloster in der Wollankstraße. Nach Franz von Assisi benannt, sollte der im 13. Jahrhundert gegründete Orden ausschließlich in den Städten wirken, wobei er selbst
auf die Unterstützung seiner sozialen Arbeit hoffte. Der ursprüngliche
mittelalterliche Berliner Sitz der Franziskaner läßt sich über den
U-Bahnhof Klosterstraße und die dortige Kirchenruine verorten. Der sä-
kularisierte Komplex diente seit dem 16. Jahrhundert vor allem schuli-
schen Zwecken. Die Franziskaner kamen erst zu Beginn der 20er Jahren
aus der Schlesischen Ordensprovinz wieder nach Berlin und nach
Pankow. Ihre im April 1991 eröffnete Suppenküche leitet seitdem die
Initiatorin und Franziskanerin Monika Hesse, die für ihr engagiertes
Wirken 1994 das Bundesverdienstkreuz erhielt. Täglich sind es einige
hundert Menschen, die in die Wollankstraße, unweit des gleichnamigen S-Bahnhofs, pilgern und eine warme Mahlzeit bekommen. Nicht
alle Besucher der Suppenküche sind Obdachlose. Die Zahl der Arbeits-
losen im Bezirk Pankow im Juli 1998 betrug immerhin 17,6 %.

Da laß dich nieder – Neues Bauen

Abseits des Metropolenrummels hat sich in Pankow eine typische
Lebensart entwickelt, die Städtisches mit Ländlichem in guter Wohn-
qualität aufs Angenehmste verbindet. Und dennoch! Der Publizist Wolf
Jobst Siedler hat jüngst erst das Zubauen größerer freier Flächen innerhalb oder am Rande Berlins kritisiert. Landschaften werden zu Geld gemacht, die lange der kostbarste Besitz der Stadt waren. Gerade Pankow
wird solche Landschaften verlieren, ja hat sie bereits verloren.
Die Veränderungen nach dem Fall der Mauer und der Vereinigung
haben Pankow zu einem besonderen Bauboom verholfen; mit der Sanierung von Altbauten haben viele Häuser ihr ansprechendes Antlitz
zurückbekommen, und überall stehen noch Gebäude, die darauf

haben die Planer zu recht negiert, sie war nicht nur zu monofunktional auf Wohnen ausgerichtet, sondern besaß generell zu wenig Dichte. Neben 200 Seniorenwohnungen sind in Französisch-Buchholz ein Jugendfreizeitzentrum und ein pädagogisch betreuter Spielplatz, eine Grundschule und eine Sporthalle mit einer Kapazität von 200 Plätzen gebaut worden. Allein der Hugenottenplatz mit seiner dreieckigen, durchweg gepflasterten Grundform läßt schon beim ersten Anblick ahnen, wie tot er zu bestimmten Tages- und Wochentagszeiten sein wird. Eine Grünanlage müßte unterhalten werden, ein Brunnen auch. Nicht nur aus Berlin zogen Menschen in die durch sozialen Wohnungsbau und Förderweg geprägte Architektur, sondern auch von außerhalb.

In unmittelbarer Nachbarschaft wird sich in absehbarer Zeit Neues regen. Es handelt sich dabei keineswegs um eine Verlängerung der vorhanden Siedlung im Sinne eines zweiten Bauabschnitts, sondern um eines der Projekte zur Berliner Bauausstellung des Jahres 1999. Von den fünf zu bebauenden Gebieten der Bauausstellung 1999 liegen allein vier im Bezirk Pankow, oder, anders gewichtet, nur eines außerhalb im Nachbarbezirk Weißensee.

Bei der letzten, Mitte der 80er Jahre in West-Berlin durchgeführten Bauausstellung hieß der Leitbegriff „Innenstadt als Wohnort", bildeten kritische Rekonstruktion und behutsame Stadterneuerung die Klammern. Anderthalb Jahrzehnte später ist das Thema das „verdichtete Eigenheim". Die Wohnungspolitik orientiert sich um: der geförderte Mietwohnungsbau ist out, Eigentum in. Vor allem soll mit den Bauausstellungs-Projekten der Abwanderung in den Speckgürtel Berlins entgegengewirkt werden. Der Berliner Senat für Bauen, Wohnen und Verkehr berief im April 1997 einen Beirat für Zielsetzung und Qualität der 99er Bauausstellung. In seinen Verlautbarungen ist nachzulesen, daß nun jene Wohnformen popularisiert werden sollen, die bisher im Berliner Stadtraum nicht in ausreichendem Maße zur Verfügung standen. Keine Konvergenztheorie wird beschworen, um Groß- und Stadtrandsiedlung zusammenlaufen zu lassen, eher ein dritter Weg – das gartenorientierte Wohnen.

In Buchholz-Ost soll es das kostengünstige Eigenheim mit hoher Freiraumqualität sein, in Buchholz-West hingegen das Stadthaus, das im Gegensatz zum Einzelhaus eine größere Dichte des Raumes, der Erschließung, Mischung und Kommunikation aufweist. Das zweitgrößte Planungsgebiet ist eine Fläche, die Berlin 1882 zwecks Anlage von Rieselfeldern vom Dorf Blankenfelde erworben hat, Elisabethaue. Ein europaweit ausgeschriebener städtebaulicher und architektonischer

154

Wettbewerb sollte weg von der Blockbauweise und hin zur Gartenstadt führen. Auf 108 Hektar werden in Elisabethaue 1.600 Wohnungen gebaut.

Der vierte Bauausstellungsschwerpunkt liegt am weitesten im Norden und umfaßt ein Neubaugebiet von 111 Hektar Größe, das westlich vom Bahndamm vor dem S-Bahnhof Buch liegt. Im Bereich des Klinikums realisierte Ost-Berlin bis 1989 vier Stadterweiterungsprojekte; ein fünftes war soweit vorbereitet, daß es 1995 im ersten Abschnitt bezogen werden sollte. Im wiedervereinigten Berlin knüpften die Erarbeiter des neuen Flächennutzungsplanes teilweise an den „Generalbebauungsplan der Hauptstadt der DDR" an. Im Planungsgebiet Buch V wird auf den Erhalt der landschaftlichen Qualität gesetzt; Wasser dient als Gestaltungselement, die sogenannte Moorlinse läßt sich bei diesen Absichten erhalten und einbeziehen. Gleiches gilt für den Baumbestand an Buchen, Robinien und Birken, Kastanien oder Weißdorn. Wie in Elisabethaue verschwinden auf diese Weise bei Buch weitere ehemalige Rieselfelder, auf denen ca. 3.000 Miet- und Eigentumswohnungen, acht Kitas, eine Grund- und eine Oberschule sowie eine Jugend- und Seniorenfreizeitstätte geplant sind. Die Bauausstellung von 1999 will eines im Besonderen zeigen: preisgünstiges, ökologisches und originelles Bauen ist an der Peripherie der Metropole durchaus möglich. Im Herbst 1999 präsentiert sich die Ausstellung jeweils in Form eines ersten Bauabschnitts.

Derweil laufen die sonstigen Bauvorhaben weiter. Im Neubaugebiet Buch IV werden auf 22 Hektar 760 Wohneinheiten im 1. und 40 im 2. Förderweg gebaut. Einzelne neue Mietshäuser kommen hie und da dazu, kleinere Wohnsiedlungen auch. Die Altbausanierung, auch die der DDR-Wohnungen, ist längst noch nicht abgeschlossen. Wie verkündeten die Lettern auf dem Werbeplakat von einst: Ziehe nach Pankow, Alte Parkstadt, Gesündester Vorort des Nordens. Na bitte. Und vielleicht heißt es irgendwann nicht nur: Kreuzberg des Ostens oder Zehlendorf des Nordens, sondern endlich einmal auch: das Pankow des Westens. Oder des Südens. Vielleicht.

ANHANG

Anmerkungen

Zitate, ein und dieselbe Quelle betreffend, werden mit gleicher Ziffer genannt; Mehrfachnennungen im Text sind möglich.

[1] *Udo Lindenberg: El Panico, München 1989, S. 188*

[2] *Humoristische Gesangs-Polka von Carl Wappaus, 1898; zitiert nach: Der Berliner Gassenhauer – Darstellung · Dokumente · Sammlung von Lukas Richter, Leipzig 1969, S. 413*

[3] *Volksmund; zitiert nach: Der Berliner Gassenhauer – Darstellung · Dokumente · Sammlung von Lukas Richter, Leipzig 1969, S. 414*

[4] *August Trinius: Die Umgebung der Kaiserstadt Berlin, Berlin 1888, S. 112*

[5] *Nachlaß der Volksliedsammler Brügmann und Rittinghaus (1915); zitiert nach: Der Berliner Gassenhauer – Darstellung · Dokumente · Sammlung von Lukas Richter, Leipzig 1969, S. 386-387*

[6] *Landesarchiv Berlin (LAB) A Pr. Br. Rep. 006 B-55 Nr. 82*

[7] *Friedrich Nicolai: Beschreibung der Königlichen Residenzstädte Berlin und Potsdam, Berlin, 1. Auflage 1769 bey Friedrich Nicolai, S. 32f.*

[8] *LAB A Rep. 001 GB 2431*

[9] *Illustrierte Festzeitung für das 10te Deutsche Bundesschießen, Amtliches Organ des Festvorstandes, Nr. 12 vom 22. Juli 1890, Berlin 1890*

[10] *August Bebel: Die Frau im Sozialismus, zitiert nach: Rudolf Dörrier, Chronik eines Berliner Stadtbezirks, Berlin 1971, S. 29*

[11] *Dr. Hermann Kügler: Vom Fliegenfest in Pankow. Brandenburgia, Monatsblatt der Gesellschaft für Heimatkunde und Heimatschutz in der Mark Brandenburg, XXXVIII. Jg., Berlin 1929, S. 186 ff.*

[12] *Otto Behrendt/Karl Malbranc: Auf dem Prenzlauer Berg, Beiträge zur Heimatgeschichte des Bezirkes IV Berlin, Frankfurt a.M. und Berlin 1928, S. 36*

[13] *Ludwig Helling: Taschenbuch von Berlin, 1832, S. 478*

[14] *Ludwig Rellstab, in: Berlin. Eine Wochenschrift. Nr. 31 vom 1. August 1835, S. 532*

[15] *Hermann Kügler: Fliegen- und Mottenfest in Berlin, Sonderdruck aus „Zeitschrift für Volkskunde", Jahrgang 1929, Heft 2, S. 158*

[16] *Ferdinand Beier: Aus vergilbten Blättern, 2. Auflage Berlin 1922, S. 154*

[17] *Zitiert nach einem Informationsblatt „Schönholz – Die Freilichtbühne in Pankow", 1958*

[18] *LAB C Rep. 149/15 Nr. 69 und 70*

[19] *Das Landesarchiv Berlin und seine Bestände, Berlin 1992, S. 188-190*

[20] *Zitiert nach: Folkwin Wendland: Berlins Gärten und Parke von der Gründung der Stadt bis zum ausgehenden 19. Jahrhundert, Berlin 1979, S. 295*

[21] *LAB A Pr. Br. Rep. 006 B-55 Nr. 66*

[22] *Zitiert nach: Heinz Knobloch: Berliner Feuilleton, Berlin 1987, S. 113*

[23] *Eine Vorortplauderei von Ernst Friedel, in: Illustrierte Festzeitung für das 10te Deutsche Bundesschießen, Amtliches Organ des Festvorstandes, Nr. 2 vom 20. Juni 1890, Berlin 1890*

[24] *Theodor Fontane: Wanderungen durch die Mark Brandenburg, Vierter Teil, 1. Auflage Frankfurt a.M. 1989, S. 177*

[25] *Fontane, Wanderungen, Vierter Teil, a.a.O., S. 177-178*

[26] *Zitiert nach dem Abdruck des lateinischen Textes, in: Johannes Schultze: Das Landbuch der Mark Brandenburg von 1375, Historische Kommission Provinz Brandenburg, Band VIII/2, Berlin 1940, S. 109*

[27] *LAB A Pr. Br. Rep. 006 B-55 Nr. 81*

[28] *LAB A Pr. Br. Rep. 006 B-55 Nr. 6*

[29] *LAB A Pr. Br. Rep. 006 B-55 Nr. 77*

[30] *LAB A Pr. Br. Rep. 006 B-55 Nr. 7*

[31] *LAB A Pr. Br. Rep. 006 B-55 Nr. 72*

[32] *Ferdinand Beier: Aus vergilbten Blättern, 1909, S. 144*
[33] *Alfred Döblin: Berlin Alexanderplatz, München, 29. Auflage September 1990, S. 377*
[34] *Ludwig Hoffmann: Lebenserinnerungen eines Architekten, in: Bau- und Kunstdenkmäler von Berlin · Beiheft 10, Berlin 1983, S. 144-145*
[35] *Hoffmann, Lebenserinnerungen, a.a.O., S. 146*
[36] *Döblin, Berlin Alexanderplatz, a.a.O., S. 378*
[37] *Hoffmann, a.a.O., S. 147*
[38] *Hoffmann, a.a.O., S. 173*
[39] *Hoffmann, a.a.O., S. 198*
[40] *Hoffmann, a.a.O., S. 214*
[41] *Zitiert nach: Fritz Langbein: Der Werdegang der Berliner Stadtentwässerung, in: 50 Jahre Berliner Stadtentwässerung 1878-1928, Berlin 1928*
[42] *LAB A Rep. 001 GB Nr. 640*
[43] *LAB A Rep. 001 GB Nr. 644*
[44] *LAB A Rep. 001 GB Nr. 645*
[45] *LAB A Rep. 001 GB Nr. 636*
[46] *Beschreibung der Königlichen Residenzstädte Berlin und Potsdam, Berlin 1786 bey Friedrich Nicolai, S. 1090*
[47] *Theodor Fontane: Wanderungen durch die Mark Brandenburg, 1. Auflage, Berlin 1862, S. 235*
[48] *LAB A Pr. Br. Rep. 006 B-55 Nr. 67*
[49] *Jürgen Opravill: Die Heidekrautbahn, Berlin 199?, S. 5*
[50] *Das Material stellte Ivo Köhler zur Verfügung, dem herzlich gedankt sei*
[51] *LAB A Rep. 250-04-07, Nr. 85*
[52] *LAB A Rep. 250-04-07, Nr. 3*
[53] *LAB A Rep. 250-04-07, Nr. 32 und 33*
[54] *LAB A Rep. 250-04-08*
[55] *LAB A Rep. 250-04-03, Nr. 19*
[56] *Eduard Bernstein: Die Geschichte der Berliner Arbeiterbewegung. Ein Kapitel zur Geschichte der Sozialdemokratie, Berlin 1907-10, zitiert nach: Theodor Constantin – Alt-Berliner Kneipen, Berlin 1989, S.25*
[57] *LAB A Rep. 250-04-09*
[58] *LAB A Rep. 250-04-02*
[59] *Zitiert nach: literaturWERKstatt berlin – Konzeption, Geschichte und Struktur, Berlin o.J.*
[60] *Horst Heidtmann: J. R. Becher, in: Metzler-Autoren-Lexikon, Hrsg. von Bern Lutz, 2. Auflage Stuttgart 1994, S. 46*
[61] *Zitiert nach: Tom Crepon: Leben und Tode des Hans Fallada, Eine Biographie, Ullstein-Verlag, Lebensbilder, 1984*
[62] *Hans Fallada: Der Alpdruck, Berlin 1998, S. 208*
[63] *Zitiert nach: Oberhauser/Henneberg: Literarischer Führer Berlin, Frankfurt a.M. 1998, S. 470*
[64] *Zitiert nach einem Beitrag von Michael Hanisch, Berliner Zeitung vom 23. Januar 1995*
[65] *Zitiert nach: Michael Hanisch: Auf den Spuren der Berliner Filmgeschichte, Berlin 1991, S. 27*
[66] *Reichsfilmkammer Fachgruppe Filmtheater – Berliner Kinos, Sommer 1936*
[67] *Heinrich Silbergleit: Zur Statistik der jüdischen Bevölkerung Berlins, Zeitschrift für Demographie und Statistik der Juden, 1927, Heft 9-12*
[68] *Alfred Kerr: Wo liegt Berlin? Briefe aus der Reichshauptstadt 1895-1900, Berlin 1997, S. 93*
[69] *Kerr, Wo liegt Berlin, a.a.O., S. 404*
[70] *Bericht über das Zweite Waisenhaus der Jüdischen Gemeinde zu Berlin in Pankow, erstattet von I. Grundwald, Berlin 1901*
[71] *LAB A Rep. 250-04-03, Nr. 10*
[72] *LAB A Rep. 250-04-03, Nr. 11*
[73] *Bundesarchiv Koblenz, R 120 Nr. 1942; zitiert nach dem städtisches Protokollanten Petrick*
[74] *Zitiert nach: Susanne Willems: Die Neugestaltung Berlins als Reichshauptstadt – auf Kosten der Berliner Juden von 1938 bis 1942. Bulletin für Faschismusforschung 10, 1998, S. 12*
[75] *Jüdisches Leben in Pankow – Eine zeitgeschichtliche Dokumentation, Herausgegeben vom Bund der Antifaschisten Berlin-Pankow e.V., Berlin 1993; S. 222-230*
[76] *LAB A Rep. 003-04/1 Nr. 115*
[77] *LAB A Rep. 003-04/1 Nr. 116*

[78] *Vgl. Hans-Peter Wolff: Nachweislich neun Transporte mit dem Aktenvermerk „verlegt nach unbekannt", Pulsschlag Nr. 17, Berlin 1989*

[79] *Vgl. Ernst Klee: Euthanasie im NS-Staat, Frankfurt a.M. 1991*

[80] *LAB A Rep. 215*

[82] *Laurenz Demps: Zwangsarbeitslager in Berlin 1939-45, Kulturbund der DDR, Berlin 1986*

[83] *LAB A Rep. 250-03-02, Nr. 56*

[84] *LAB A Rep. 250-03-02, Nr. 27*

[85] *Vgl. Rudolf Dörrier: Pankow-Chronik eines Berliner Stadtbezirks, Berlin 1971*

[86] *Karl Grünberg: Episoden-Erlebnisse aus sechs Jahrzehnten, Berlin 1983, S. 366-367*

[87] *Grünberg, Episoden, a.a.O., S. 373*

[88] *Hauptamt für Statistik – Berlin 1945/46, 3. Sonderheft 1. Jahrgang 1947*

[89] *LAB Rep. 105/6.1 Nr. 36820/214*

[90] *LAB Rep. 105/6.1 Nr. 36820/219*

[91] *LAB Rep. 105/6.1 Nr. 36820/205*

[92] *LAB Rep. 105/6.1 Nr. 36820/201*

[93] *LAB Rep. 105/6.1 Nr. 36738*

[94] *LAB Rep. 105/6.1 Nr. 7178*

[95] *LAB Rep. 105/6.1 Nr. 7188*

[96] *Fallada, a.a.O., S. 227*

[97] *Kurt Hager: Erinnerungen, Leipzig 1996, S. 169ff.*

[98] *Wolfgang Leonhard: Die Revolution entläßt ihre Kinder, Leipzig 1990, Band 2, S. 560*

[99] *Zitiert nach: Paul Bergner: Die Waldsiedlung, 2. Auflage, Wandlitz 1996, S. 28*

[100] *Monika Maron: Stille Zeile Sechs, Frankfurt a.M., 4. Auflage 1991, S. 7f*

[101] *Bergner, Die Waldsiedlung, a.a.O., S. 17*

[102] *Bergner, a.a.O., S. 29*

[103] *Maron, Stille Zeile Sechs, a.a.O., S. 8*

[104] *Maron, a.a.O., S. 9*

[105] *Zitiert nach: Michael Bienert: Mit Brecht durch Berlin; Frankfurt a.M. und Leipzig 1998, S. 209*

[106] *nach einem Gespräch mit Jörg Zapka, dem dafür gedankt sei*

[107] *Ein Schulkonflikt in der DDR; Bundeszentrale für politische Bildung, Bonn 1992*

[108] *Ecke Friedrichstraße – Ansichten über Berlin, München 1997*

[109] *Christa Wolf: Auf dem Weg nach Tabou, Texte 1990–1994, Köln 1994*

Literatur

Die Bau- und Kunstdenkmale in der DDR – Hauptstadt Berlin · II, Berlin 1987
Babara Keil – Baudenkmale in Pankow, Berlin 1993
Dehio – Handbuch der Deutschen Kunstdenkmäler, Berlin 1994
Lars-Holger Thümmler – Berlin Pankow, wie es früher war, Gudensberg-Gleichen 1996
Lars-Holger Thümmler – Berlin Pankow, Bewegte Zeiten, Die 50er und 60er Jahre, Gudensberg-Gleichen 1997
Ferdinand Beier – Aus vergilbten Blättern, Geschichte von Pankow, Berlin 1909
Ernst Rehfeldt – Geschichte von Niederschönhausen, Ein Beitrag zur Kulturgeschichte des Barnimer Landes, Berlin 1929
Martin Pfannschmidt – Geschichte der Berliner Vororte Buch und Karow, Berlin 1927
Große Stadt aus kleinen Steinen – Ein Beitrag zur Geschichte des 19. Berliner Verwaltungsbezirks (Pankow), Sonderdruck aus dem „Anzeiger für den Berliner Norden", 1937
Rudolf Dörrier – Pankow, Kleine Chronik eines Berliner Bezirks, Berlin 1949
Heinz Knobloch – Berliner Feuilleton; Bei uns in Pankow, Berlin und Weimar 1987
Berliner Straßennamen, Berlin 1992
Katja Rutschke/Dr. Volker Schutz (Mitarbeit) Der Berliner Bezirk Pankow – Ein Porträt in Daten, Zahlen und Fakten, Berlin 1993
Hans-Rainer Sandvoß – Widerstand in Pankow und Reinickendorf 1933-45, Gedenkstätte Deutscher Widerstand, 1994
Jürgen Opravill – Die Heidekrautbahn, Berlin 1995

Bildnachweis

Archiv Breitenborn, Berlin: S. 119, 151
Archiv Ralph Hoppe: S. 37, 58, 70, 93, 101, 108, 111, 129, 137, 142, 144
Bundesarchiv Koblenz: S. 131, 135
Chronik Pankow/Archiv: S. 10, 15, 19, 20, 21, 23, 27, 29, 33, 35, 39, 40, 42, 43, 45, 51, 54, 56, 60, 61, 63, 75, 77, 79, 81, 89, 90, 96, 133
Landesbildstelle Berlin: S. 84, 99, 140
Matthias Rau, Berlin: S. 95

Stiftung Schönholzer Heide – Senioren in lebendiger Gesellschaft

Auf einem parkähnlichen Gelände direkt am Pankower Bürgerpark liegt die weitläufige Wohnanlage der Stiftung Schönholzer Heide. Die Anlage wurde 1927 erbaut; zwischenzeitlich anders genutzt, findet sie nun zu einer modernen Interpretation ihrer ursprünglichen Bestimmung zurück: Das Diakonische Werk der Evangelischen Kirche in Deutschland und das Land Berlin errichteten 1996 die Stiftung Schönholzer Heide mit dem gemeinsamen Anliegen,

Senioreneinrichtungen zu betreiben und Dienstleistungsangebote für ältere Menschen zu entwickeln, insbesondere seniorengerechten Wohnraum zu schaffen, so entstanden 60 Wohnungen, die mit einem Aufzug durch einen ebenerdigen Zugang zu erreichen sind. Alle Wohnungen sind mit gefliestem Bad und einer modernen kleinen Küche ausgestattet; der Anbau von Balkonen wurde für die meisten Wohnungen vorgesehen.

Ein abwechslungsreicher und preisgünstiger Mittagstisch steht den Mietern täglich im Ausbildungsrestaurant zur Verfügung. Feierlichkeiten können in den Räumen des Restaurants auf dem Stiftungsgelände begangen werden. Der moderne Festsaal lädt die Bewohner und die Pankower Bevölkerung im klassischen Stil zu Veranstaltungen und Festen ein. Ein Frisiersalon und ein Lebensmittelgeschäft sowie ein Kosmetiksalon befinden sich in zentraler Lage ebenfalls auf dem Gelände und runden das Angebot ab.

Für ältere Menschen, die gut versorgt und gleichzeitig selbstbestimmt leben möchten, geht in der Stiftung Schönholzer Heide gleichsam Wunsch und Bedürfnis in Erfüllung: das ServiceWohnen.

- ServiceWohnen für Senioren in 1, 1 1/2 - und 2-Zi.-Wohnungen
- Pflegeeinrichtung
- Gästehaus/Hotel der Diakonischen Akademie
- Restaurant · Café · Bar
- Modernisierung der gesamten Anlage 1996 – 1999

Kontakt:
Marion Ronge-Goldmann
Geschäftsführung
Büro: Haus 1
Stiftung Schönholzer Heide

Telefon   (0 30) 48 63 82 10
Telefax   (0 30) 48 63 82 12